JN171866

空き家大国ニッポン

水谷 秀志

せせらぎ出版

はじめに――深刻化する空き家・空き地問題

私が空き家問題と出会ったきっかけは、業務のかたわら、所属する行政書士会が定期的に行っている市民への法務相談会での席上でした。

相談会に来られる方は高齢者が圧倒的に多く、また相談内容のほとんどがこれから待ち受けている相続と遺言で占められています。中でも田舎に住んでいた両親が天寿を全うし、住む人がいなくなった空き家や耕作されないまま放置されている田畑の管理に困っているという子ども側の相談をはじめ、いずれ住む人がいなくなる自宅の管理が心配だという親側からの相談があまりにも多く、そこで初めて深刻な空き家・空き地問題があることに気づきました。こうして住む人や耕す人のいなくなってしまった空き家や空き地が残っていきます。

民法第八八二条には「相続は、死亡によって開始する」と定められています。人は必ず人生の終焉《しゅうえん》を迎えます。その際に被相続人の最後の悩み、そして残された相続人の最初の悩みとなるのが相続なのです。

総務省統計局では2013(平成25)年、住宅・土地統計調査を実施し、空き家の集計結果を公表しました。その調査結果では、全国の空き家数は約820万戸と過去最高となり、全住宅戸数に対する空き家の比率は13・5%を占めていることが分かりました。これは私たちが住んでいる家の周りに、およそ7軒に1軒の割合で空き家があることになります。

そして空き家はこれからも全国各地で増え続けていき、2023年には空き家率は20%を超えて、およそ5軒に1軒が空き家となると予測されます。

2015(平成27)年2月26日に施行された「空き家対策特別措置法(空き家法)」は、田舎にすでに空き家を持つ人やこれから住む人がいなくなる恐れのある家を持っている人、空き家の隣に住んでいる人、そして、空き家「ゼロ」や定住化の促進により地域ブランド力を向上させたい自治体にとって、聞き逃すことができない法律となりました。

この法律により、今までなら空き家のまま放置しておけた建物に行政のメスが入ることになりました。市町村は、そのまま放置することにより倒壊等著しく保安上危険となるおそれのある状態、または著しく衛生上有害となるおそれのある状態、適切な管理が行われていないことにより著しく景観を損なっている状態、その他、周辺の生活環境の保全を図るために放置することが不適切である状態にあると認められる空き家等を「特定空き家」として指定します。指定によって解体の通告や強制対処を可能にするとともに、土地に対する固定資産税の特例（優遇措置）から除外され、土地の固定資産税が最大で6倍になってしまう規定が設けられました。

また、行政は特定空き家に指定されたにもかかわらず助言や指導を受けても改善しない空き家の所有者に対しては、猶予期限を付けて改善するよう勧告します。一旦勧告をされてしまうと固定資産税の特例対象から外れてしまうので、助言や指導を受けるとイエローカードが出されたと思わなくてはなりません。

勧告でも改善されない場合は猶予期限を付けて改善命令が出されます。命令の猶予期限を過ぎてもなお改善に従わなければ強制対処の対象になりますが、ここで気をつければいけないのは、命令を受けて改善に着手すればよいのではなく、猶予期限までに改善を完了しておくことです。

倒壊の恐れがある空き家に対する改善命令に従わない場合には撤去となり、その撤去費用は所有者負担となります。

さらに、市町村長が空き家等に関する立入調査を行おうとした場合に、それを拒んだり妨害した者に対して20万円以下の過料に処したり、市町村長が特定空き家の除却や修繕などの勧告に従わなかった者に対して50万円以下の過料に処すことが決められました。

本書は、今後ますます深刻化する空き家問題に対して、行政書士として、たくさんの市民の皆様からの相談受けと、空き家セミナーでの貴重な経験と実績に基づき、さらには行政が行おうとしている空き家対策を踏まえ、空き家が抱える問題と空き家の上手な管理、さらに空き家を厄介者で終わらせるのではなく、空き家の活用をデザインする知恵について解りやすく説明させていただいて、空き家問題解決の一助となることを願いながら執筆しました。

2017年1月

行政書士　水谷　秀志

空き家大国ニッポン　目次

目次

第5章　空き家対策特別措置法とは

第6章　空き家・空き地の問題点

第8章 空き家・空き地をデザインする時代

第1章　日本の空き家は今…

一　〝空き家大国日本〟の実態

あなたがもし仮に、空き家になってしまった親の持ち家を相続するようなことになったら、どうすればよいのでしょうか。

選択肢として「自分たち家族が住む」、「親類や知り合いに住んでもらう」、「売ってお金を得る」、「賃貸して家賃収入を得る」などが考えられます。しかし現実問題として、「実家が遠方で転居や新しい職場を探すのが難しい」、「建物が古いので、リフォームや建て替えをしないと、住むことも売ることも貸すこともできない」、「リフォームや建て替えをする経済的な余裕がない」などの理由で、大半の人は、空き家のまま放置して税金を支払っている場合が多いようです。

また、空き家を取り壊して更地にするという選択肢もありますが、解体費用がかかり、また土地の固定資産税が最大で6倍になってしまう事態も無視できません。

図1-1　総住宅数、空き家数及び空き家率の推移
全国（1963年～2013年）

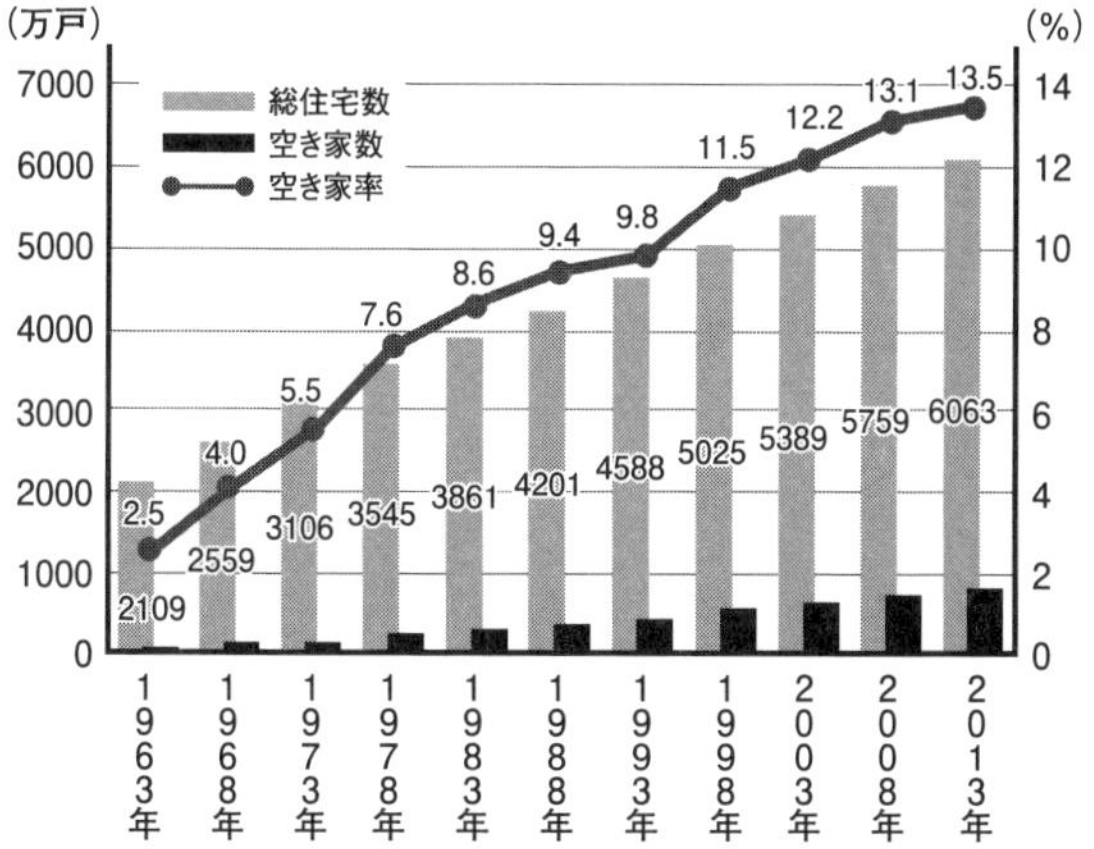

出典：「総務省2013（平成25）年住宅・土地統計調査（速報集計）」

総務省統計局では２０１３（平成25）年住宅・土地統計調査を実施し、空き家の集計結果を公表しました。上の表のとおり、その調査結果では、全国の空き家数は約８２０万戸と過去最高となり、全住宅戸数に対する空き家の比率は13・5％を占めていることが分かりました。（図1－1）

それでは世界の主要国の空き家率はどうなっているのでしょうか。

米商務省が２０１３（平成25年）に公表した空き家データによると、アメリカの空き家率は12・8％と日本の13・5％

に比べてさほど違いませんが、そのうち個人や法人の別荘が5・5%を占めています。日本の別荘は0・7%ですので、別荘分を差し引くとアメリカの空き家率は7・3%となり、その内訳には大きな差があることが分かります。

そして米商務省は、空き家率の内訳を持ち家と貸家に区分して計算しており、アメリカの区分で日本の空き家を計算すると、持ち家が0・9%とアメリカより低い一方、日本の貸家は18・8%とアメリカの約2・8倍にもなり、日本の空き家の正体は貸家であったことが分かりました。

また、イギリスの空き家率は日本の約13・5%に比べて約2・6%と低く、さらに注目しなければいけないデータとして、総住宅数に比べた新築着工率が日本の約1・5%に比べて約0・6%と半分以下となっていることです。

ヨーロッパ各国では、建物の建築が許可されている区域が明確になっており、その区域の中で住宅を建築して長く使い継いでゆく文化がしっかり根付いていることも空き家が少ない理由のひとつです。

2013（平成25）年のわが国の総住宅数は6063万戸、総世帯数は524

図1-2　総住宅数、総世帯数及び
1世帯当たり住宅数の推移 - 全国（1963～2008年）

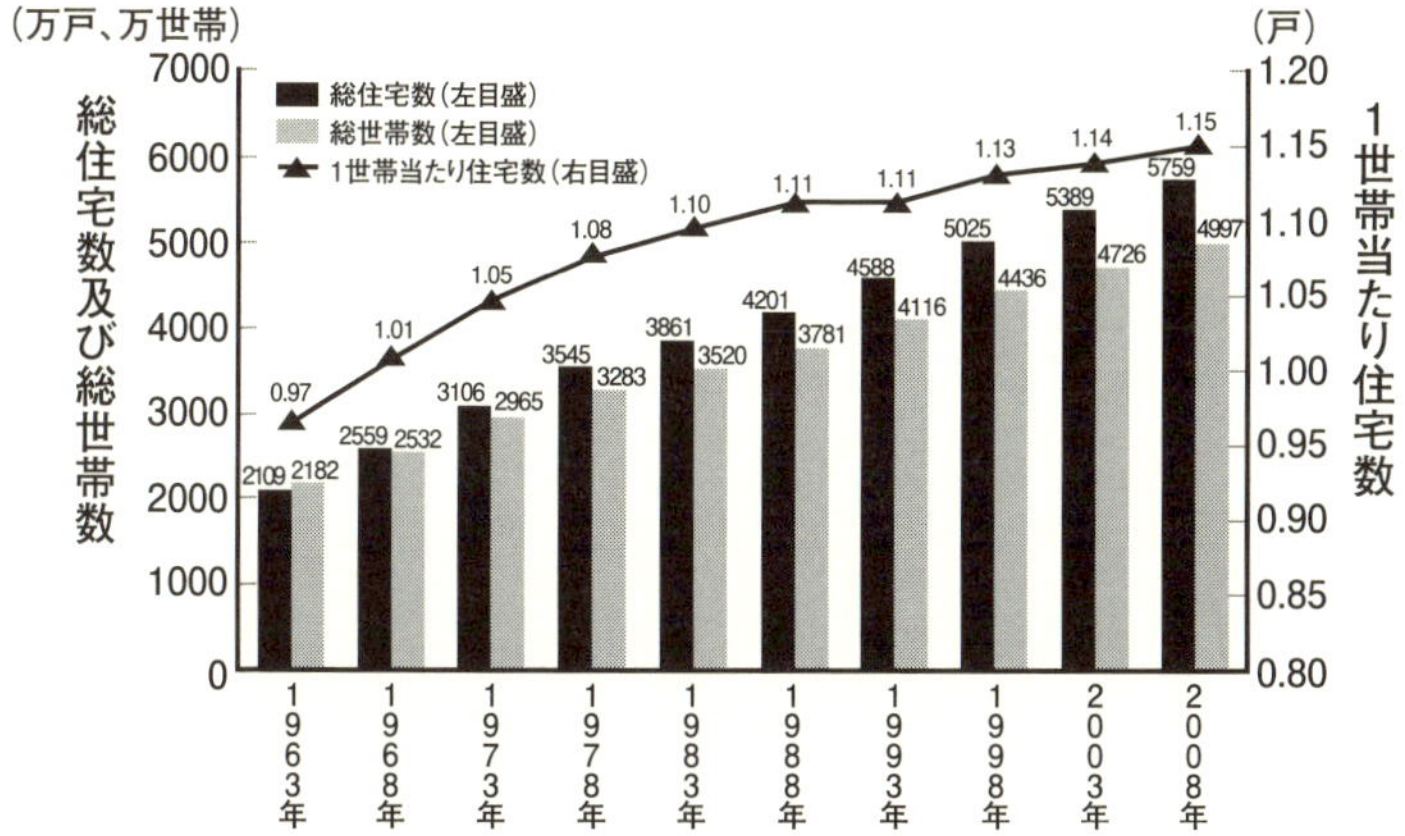

出典：「総務省統計局」

5万世帯となっていますが、第1回調査が行われた1948（昭和23）年の総住宅数は1391万戸であったので、その後の65年間で4・3倍に増加していることになります。総住宅数と総世帯数の推移を比較してみると、1963（昭和38）年までは、総世帯数が総住宅数を上回っていましたが、1968（昭和43）年に総住宅数（2559万戸）が総世帯数（2532万世帯）を27万戸上回っています。1973（昭和48）年には総住宅数（3106万戸）と総世帯数（2965万世帯）の差が141万戸となり、すべての都道府県で総住宅数が総世帯数を上回ってしまい、その後も総住宅数と総世帯数の差は拡大を続け、２００８（平成20）年には総住宅数（５７５９万戸）が総世帯数（４９９７万世帯）を７６１万戸上回り、１世帯当たり住宅数は２００３（平成15）年の１・14戸から１・15戸となっています。（図1-2）

これと同時に、総務省が日本全国の空き家の総数を約８２０万戸と発表しており、日本は世界に冠たる空き家大国であることが露呈されることになりました。

日本が〝空き家大国〟になった理由としては、戦争で住宅が消滅したことに加え、戦地から多くの日本人が引揚げてきたことで発生した住宅不足を解消する目的で１９５０（昭和25）年に設立された住宅金融公庫法の制定により国家の持ち家取得推進政策が進められたこと、そして、30年余りしかもたない低品質住宅の提供を続けてきたことから、日本人の新築住宅信仰文化が根付いてしまったことが原因とされています。

二　空き家は百害あって一利なし！

世の中には車など、毎日の生活に必要なものがたくさんあり、私たちの生活を豊かなものにしてくれますが、毎日の生活に必要のないものもたくさんあります。その代表が日本各地に８２０万戸もある空き家ではないでしょうか。空き家があることではたして、私たちの生活が豊かになったり、地域の発展や地域住民の幸福に貢献しているのでしょうか。

もし、自宅の隣に、今にも倒れそうな空き家があったらどうでしょうか。所有者が訪れることもなく、長い間、家屋や庭の手入れがされていないため瓦が落ちそうになったり、雑草や庭木が生い茂り、庭には心ない人たちによってゴミのポイ捨ても続けられ、野良ネコが住み着き、時たま不審者らしい人物が空き家を覗いていることもあり、あげくのはては地域の住民から「ゴミ屋敷の隣の家」と呼ばれてしまいます。

「だれでもよいから空き家をどうにかしてほしい。どうにもできないのなら引っ越しをしてしまいたい」と考えてしまうのが普通ではないでしょうか。

また、購入しようと考えているお気に入りの物件の隣に、手入れが行き届かず雑草や樹木が生い茂り、その樹木の枝が塀を越えて購入を考えている物件の庭に侵入しており、建物は長い間、手入れがされた形跡もなく、どこからともなく悪臭も漂っている。そのような「ゴミ屋敷」の隣にある物件の購入を真剣に考えるでしょうか。

さらに、空き家があることで自治会や自治体では地域の防犯や防火に気を配らなければならなくなり、治安維持のために警察への協力も必要となって地域の活性力を低下させてしまうことになります。

また、誰も住んでいない空き家に対して「固定資産税」、「火災保険」、「電気・ガス・水道代」、「草刈り費用」、「実家まで足を運ぶ交通費」などたくさんの費用が発生してしまいます。

このように、空き家が引き起こす、大型ゴミや生活ゴミの不法投棄などの心配に始まり防犯・防火問題や不審者の出入りなど、今や空き家は地域の厄介者であり、百害あって一利もない代表格となっています。

三　人の住んでいない家は傷みが早い理由は

「人が住んでいない家は傷みが早い」という話をよく耳にしますが、その理由を考えてみたいと思います。

まず、人が住まなくなった家の雨戸などを閉めたままにしておくと建物を傷める最大の原因となる湿気が室内にこもってしまいます。そして適度な温度が加わることにより木を餌にするシロアリにとっては最高の環境になってしまいます。シロアリは活発に繁殖を続け、主食である木部が食い荒らされて床下や室内が大きく傷んでしまいます。そして建物に多く使われている各種の金属部品が湿気でサビが発生して、本来の強度や機能を失ってしまい、ドアが外れたり、床が落ちてしまったりして建物の倒壊につながってゆくことになります。

図1-3　排水トラップの水がなくなると…

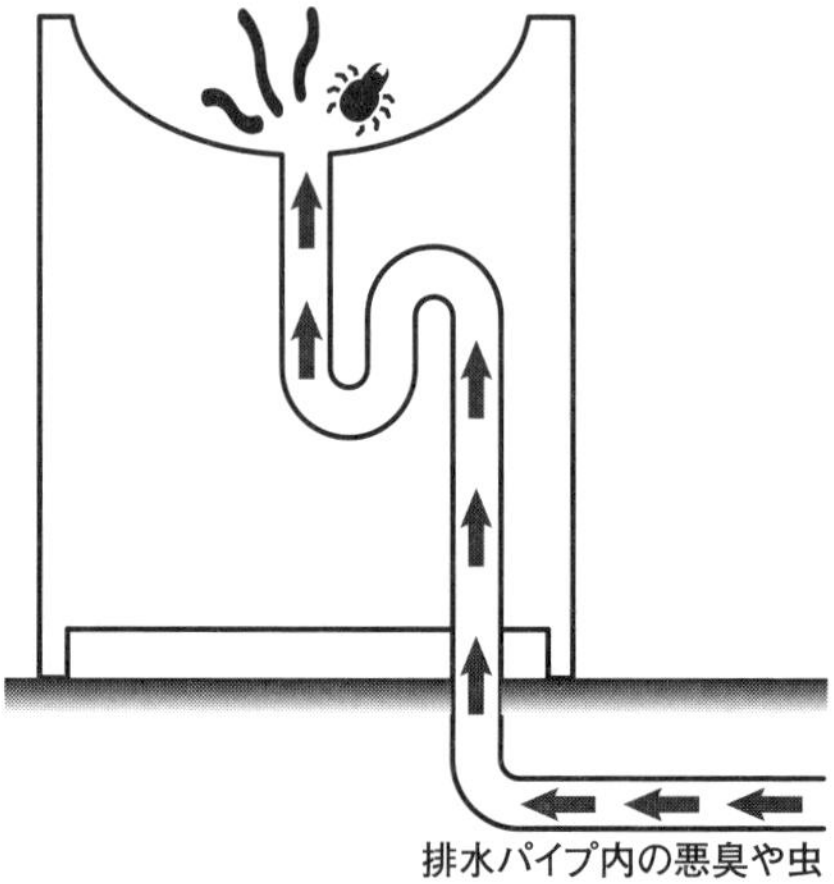

場合によっては、何らかの必要性から電気を止めていない場合には、ネズミが電気配線を食いちぎったり、湿ったホコリによって発生するコンセントのトラッキング現象などによる漏電が原因となって火災の危険性も生じてきます。

また、使われていない洗面所や流し台の排水管につけてあるトラップという下水からの異臭や、ゴキブリなどの小動物の侵入防止装置が水切れとなり、空洞化してしまった排水管から下水の異臭が室内に入ってきます。また、ゴキブリやネズミなどの小動物も容易に侵入して部屋のいたるところに糞を撒き散らします。そして撒き散らされた糞はダニ等の餌になったり畳やフローリングを腐らせてしまいます。（図1－3）

建物の外壁や屋根を考えてみますと、傷んでいることが点検されることなく風雨や紫外線にさらされ続けることから材質の劣化が進み、ひび割れなどが発生し、その隙間から雨水が内部に侵入します。そして梅雨時期は湿度や温度の条件が整うことから、カビや微生物の繁殖も活発になり、木を腐らせてしまいます。寒冷地においては雪やみぞれが原因となり、屋根が落下したり、最悪では倒壊の危険も予想されます。また、管理されていない空き家のガラス窓や瓦などが割れていたり、また壁が壊れていた場合には人の目が届かないことから、修理などの対応が遅れてしまい損傷が次第に拡大してしまいます。

このように空き家になってしまうと人が住んでいる場合とは異なる部位が傷んでしまうのが大きな特徴です。

第2章　なぜ空き家は増え続けるのか?

一　日本人の意識調査から見る空き家問題への影響

人々の意識は時代とともに、どう変化するのか、また時代が変わっても変わらない意識はあるのかという観点から、空き家対策のヒントを探してみました。

ＮＨＫでは１９７３（昭和48）年から5年ごとに「日本人の意識調査」を行い、日本人のものの考え方を広く長期的に追跡調査をしています。

調査項目は、日本人の基本的価値、経済・社会・文化、家庭・男女関係、コミュニケーション、政治、国際関係、属性などを基本として、さらに28項目に細分化して評価をしています。その43年間の調査結果から興味深い日本人の意識の変化が見られます。

①　理想の家庭像について

調査では次の４つの中から理想と思うもののひとつを選んでもらっています。

ア　父親は一家の主人としての威厳を保ち、母は父親を盛りたてて、心から尽くしている。「夫唱婦随型」

イ　父親も母親も、自分の仕事や趣味を持っていて、それぞれ熱心に打ちこんでいる。「夫婦自立型」

ウ　父親は仕事に力を注ぎ、母親は任かされた家庭をしっかり守っている。「性役割分担型」

エ　父親は何かと家庭のことに気を使い、母親は温かな家庭作りに専念している。「家庭内協力型」

今から40年前は「性役割分担」を理想とする回答が約40％と最も多かったのが、80年代から２０００年代前半まで減り続け、現在では15％となっています。

当時の状況として戦後生まれの人が国民の過半数を占め、海外旅行ブーム、輸出の花形である自動車生産台数が世界一となり、豊かさを実感できる社会を体感できるようになった反面、湾岸戦争、地下鉄サリン事件、イラク戦争、そしてリーマンショックという世界の不安を国民が経験し、それまで家庭を守ってきた主婦も、これらの不安状況の経験から仕事に就くようになったことが考えられます。

また、それを裏付けることとして、結婚した女性に、今後も職業を持ち続けるべきかを調査した結果、結婚して子どもが生まれても、できるだけ職業を持ち続けたいという女性は40年前では20％と少なかったのが、現在では56％と過半数を上回るまでになってきました。

反対に、家庭に専念するほうがよいという人は35％から15％に減少しました。

そんな時代を生きてきた若者は豊かさを求めて都市に集まり、やがて結婚をしてマイホームを手に入れますがその人たちも70歳前後となり、田舎に住んでいた両親も寿命を全うし、住む人がいなくなって空き家が残ってしまったと考えられるのではないでしょうか。

また、人間関係において「隣近所」、「職場」、「親せき」の3つの場で、どの程度深いつきあいが望ましいと考えているのかを、次のように選んでもらっています。

「隣近所」
1　会ったときに、あいさつ程度のつきあい（形式的つきあい）
2　あまり堅苦しくなく話し合えるようなつきあい（部分的つきあい）
3　なにかにつけて相談したり、助け合えるようなつきあい（全面的つきあい）
「職場」
1　仕事に直接関係する範囲のつきあい（形式的つきあい）
2　仕事が終わってからも、話し合ったり遊んだりするつきあい（部分的つきあい）
3　なにかにつけて相談したり、助け合えるようなつきあい（全面的つきあい）
「親せき」
1　一応の礼儀を尽くす程度のつきあい（形式的つきあい）
2　気軽に行き来できるようなつきあい（部分的つきあい）
3　なにかにつけて相談したり、助け合えるようなつきあい（全面的つきあい）

２００３（平成15）年までは、３つの場合とも密着した関係の「全面的つきあい」が望ましいという人が減り、あっさりとした「形式的つきあい」が望ましいという人が増えていました。

「隣近所」については、１９７３（昭和48）年以降「形式的なつきあい」が15・2％であったのに対して、２０１３（平成25）年には27・6％と増加し、会った時にだけ挨拶をするつきあいが増加しており、「なにかにつけて相談をしたり、助け合うつきあい」については、１９７３（昭和48）年には34・5％であったのに対して18・1％までに減少しています。

「職場」については、１９７３（昭和48）年には、「形式的なつきあい」が11・3％であったのが２０１３（平成25）年には、26・2％と増加し、「全面的なつきあい」が１９７３（昭和48）年には、59・4％もあったが、２０１３（平成25）年には、36・4％に減少し、職場でも人間関係が希薄になっている現実が伺えます。

「親せき」については、ほどほどのつきあいである「部分的つきあい」を望む人は、40年前までは8・4％であったのが、現在では25％まで増加し、「なにかにつけて親せきとは相談をしたり、助け合ったりする」は51・2%から32%と減少し、親せきづきあいが希薄になっていることが伺われます。

核家族化の原因のひとつとして考えられるのが、父親のあり方で「子どもを信頼して干渉しない」は15%から23%に増加し、老後の生き方で「子どもや孫と一緒に、和やかに暮らす」が37・9%から26・3%に減少し、「夫婦二人で睦まじく暮らす」が10%から20・4%に増加していることも見逃せません。

② 結婚観について

2010（平成22）年の生涯未婚率が男性は20・1%、女性は10・6%でどちらも過去最高となりました。このことは、女性では10人にひとり、男性では5人にひとりが一生結婚しないことになります。

結婚観に関する質問が1993（平成5）年から設けられています。

甲：人は結婚をするのが当たり前「するのが当然」

乙：必ずしも結婚する必要はない「しなくてもよい」

その結果をみると、２０１３（平成25）年には、「するのが当然」という人は33％であるのに対して、「しなくてもよい」という人は2倍の63％でした。「しなくてもよい」という人は１９９３（平成５）年には、ほぼ半数の51％で、次の５年間で58％へと増加しました。

また、子どもをもつことについても、１９７３（昭和48）年から、次のどちらかを選んでもらっています。

甲：結婚しても、必ず子どもをもたなくてもよい「もたなくてもよい」

乙：結婚したら、子どもをもつのが当たり前だ「もつのが当然」

１９７３（昭和48）年には「もつのが当然」という人が39％に対し、「もたなくてもよい」という人が55％で半数を超える結果となりました。

２０１３（平成25）年の調査では、結婚したことがない人に「将来は結婚したいかどうか」を聞いたところ、「結婚したくない」と答えた人は９％で、最も多いのは「結婚してもいいと思える人が見つかれば結婚するが、そうした人が見つかるまで結婚しない」という人が54％であり、日本人の結婚観の変化が少子化に繋がっていると思われる興味深い調査となりました。

③　まとめ

基本的価値観として、人間関係において１９７３（昭和48）年から２０１３（平成25）年にかけて「隣近所」、「職場」、「親せき」について調査をみましたが、３つの場合において「部分的なつきあい」にはさほどの変化はみられないものの、３つの場合の共通的な特徴として「形式的なつきあい」は、それぞれ25％前後まで増加し、密着した関係を望まない人が増加しています。核家族化の常態化を底辺に、人口減少、高齢化社会への突入に合わせ、かつての日本で当たり前のように行われていた家庭内での世代交代が極端に減少し、昔のように祖父母が若い世代をサポートすることや、孫の面倒をみる環境が失われています。大きな社会問題となっている待機児童問題、非行の若年化、さらには残しておかなければならない日本のよき家庭の伝統の消滅など、あらゆる問題発生の原因になっているのではないでしょうか。

二　家庭内の世代交代文化の消滅と核家族化

①　二世帯住宅の評価と住まい継承の実態

祖父母との同居効果は空き家問題とは何の関係もない話のようですが、へーベルハウスを販売している旭化成ホームズ株式会社の二世帯住宅研究所が行った「30年暮らした家族による二世帯住宅の評価と住まいの継承の実態」という興味深いデータがあるので紹介をします。

調査内容は、二世帯住宅で祖父母と同居していた「大人になった孫」に二世帯同居の満足度のアンケート調査をしたところ、大変よかったと、まあまあよかった、を合わせると90％という非常に高い満足度でした。このことは祖父母との同居が子世帯だけではなく孫からも高く評価されています。（図2－1）

図2-1　祖父母同居満足度（二世帯同居で育った孫:N=134）

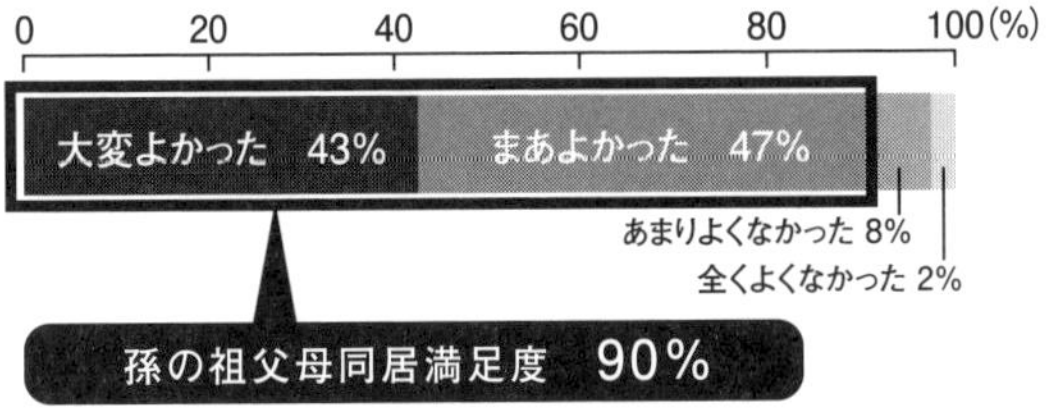

②　祖父母との関わり

二世帯住宅における孫と祖父母との関わりは、祖父母による子育ての協力だけではないようで、二世帯住宅で育った孫が、同居の祖父母に対して行った手伝いのうち、最も多かったのは「話し相手になる」、次いで「荷物を運ぶ」「様子を見に行く」など、祖父母を気遣う様子が伺えます。**（図2-2）**

また、二世帯住宅における祖父母との関わりは、孫が小さい頃だけではなく、成長した後も祖父母を気遣い、手伝う様子が調査でわかりました。

アンケート調査の中で、二世帯住宅で育ち、大人になった孫のエピソードで二世帯同居の一端を垣間見ることができます。

ア　異なる生活習慣を一つ屋根の下で学べた。祖父母と接することに抵抗なく育った。（20代女性）

イ　親は厳しかったが、祖父母は優しく接してくれることが多く、バランスがとれていたように思う。（30代男性）

ウ　小さい頃から上の人と接し、学生のときのマナー等で大変役にたった。（40代女性）

図2-2　孫による同居祖父母への手伝い

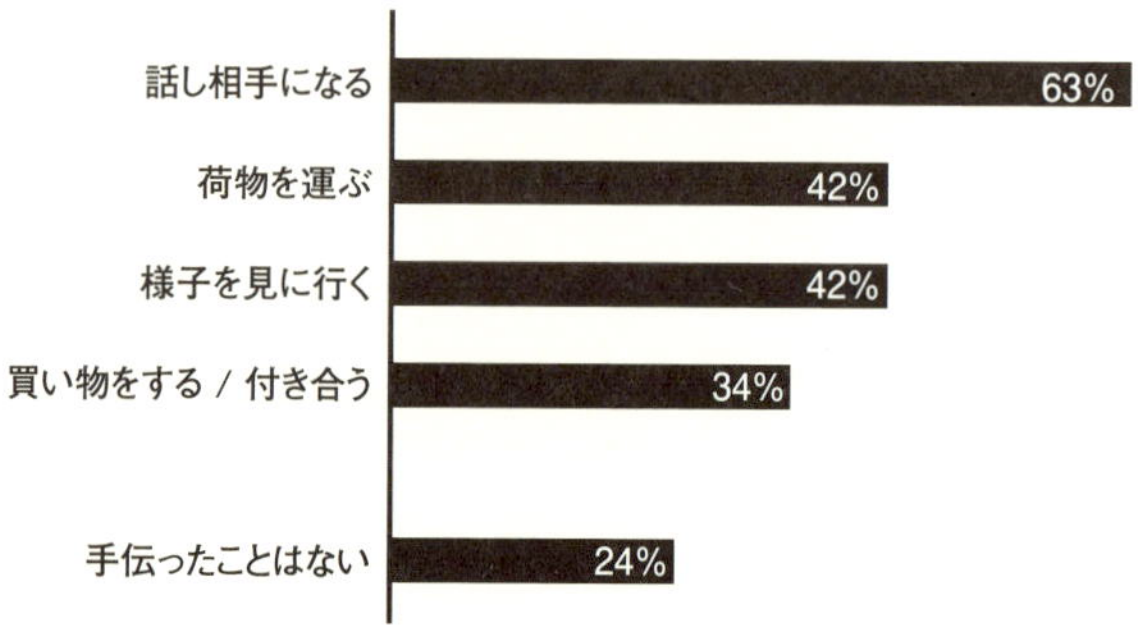

エ　祖父とのケンカ等いろいろな出来事があったが、最終的に自分のためになったので、とても感謝している。（20代男性）

オ　祖父母と最期まで一緒にいられた。離れて暮らしていたら、年に数回しか会うことができないのでよかった。（40代女性）

③　祖父母同居効果

このように、二世帯住宅における祖父母との優しいばかりではなく時には厳しい面もあった交流は、孫が成長していく上で、さまざまな影響を与え続け、「年配者と自然に話ができるようになる」、「高齢者に優しい子になる」、その他にも「挨拶ができ礼儀正しく育つ」などが挙げられ、とくに孫に対する情操教育に対して大きな効果が認められていることがアンケート調査から伺えます。

祖父母との同居を敬遠し、家庭内での世代交代が行われず核家族化が蔓延して

いる日本の現状に二世帯住宅で育った子どもたちが警鐘を鳴らしているのではないでしょうか。（図2-3）

核家族化は住宅を一方的に増やしていくばかりではなく、その延長線上には、やがて人の住まなくなった空き家が残ることになります。

図2-3　祖父母同居が孫に与えるよい影響
（子世帯:N=243 / 二世帯同居で育った孫:N=134）

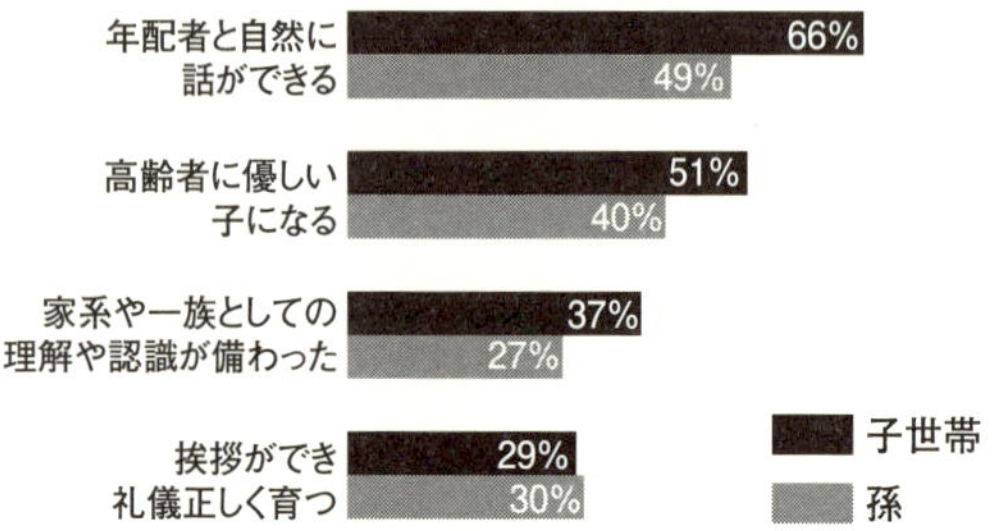

三　少子高齢化が叫ばれて久しい

わが国は、出生率の低下が続き、超高齢社会へ突入しています。わが国の合計特殊出生率は１９７５（昭和50）年前後からその低下が始まり、１９９８（平成10）年においては過去最低の１・38（図2-4）となっています。また、「日本の将来推計人口」によれば、わが国の総人口は２００５（平成17）年をピークに減少を続け（図2-5）、４人に１人が65歳以上となり、わが国は世界でも類を見ない超高齢社会になりました。このままの状態でますます少子高齢化が進めば、社会を支える役割を中心的に担う働き手の数は当然少なくなってしまいます。この数が減れば、総生産が減り、１人当たりの国民所得（生活水準）を維持することも難しくなってくることになります。

このように、少子高齢化とこれに伴う経済停滞の克服は、21世紀の大きな課題

図2-4　わが国の出生数と合計特殊出生率

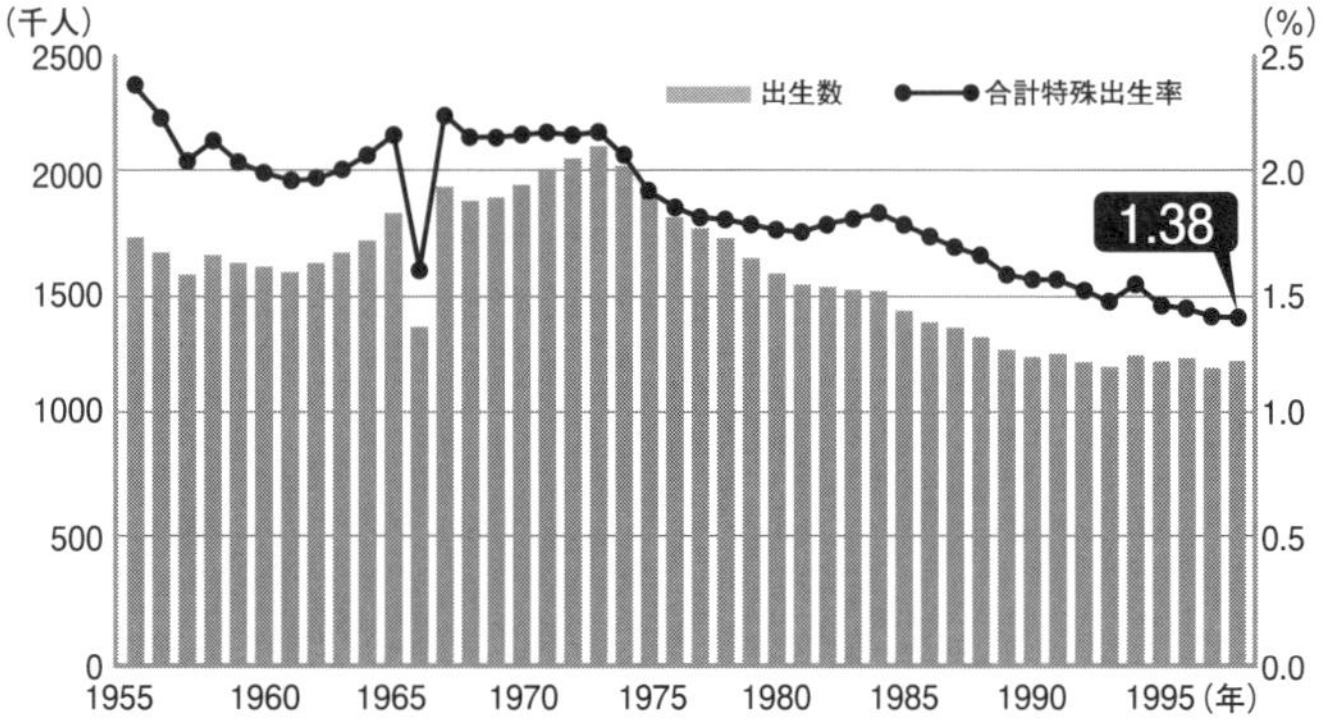

出典：厚生労働省「人口動態統計」

図2-5　日本の将来推計人口

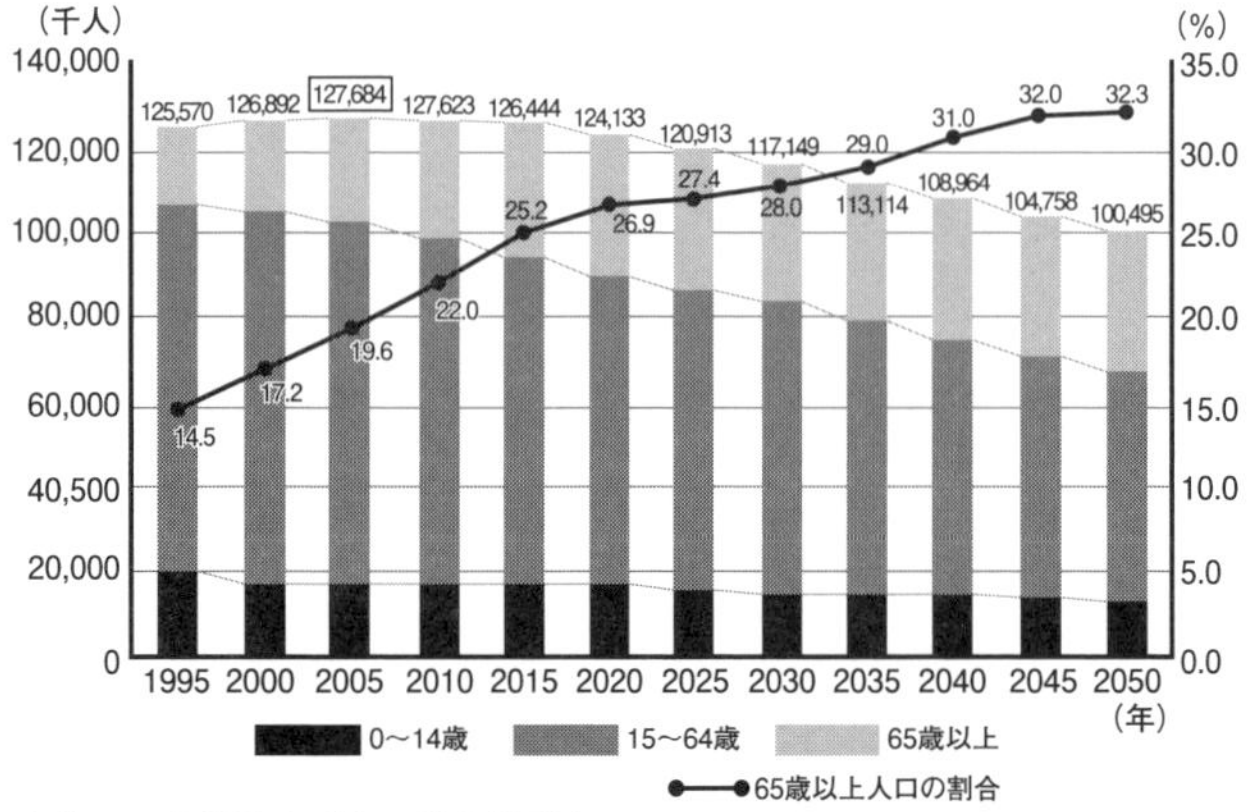

出典：厚生労働省「人口動態統計」

図2-6　主要先進国の女性労働力率の推移

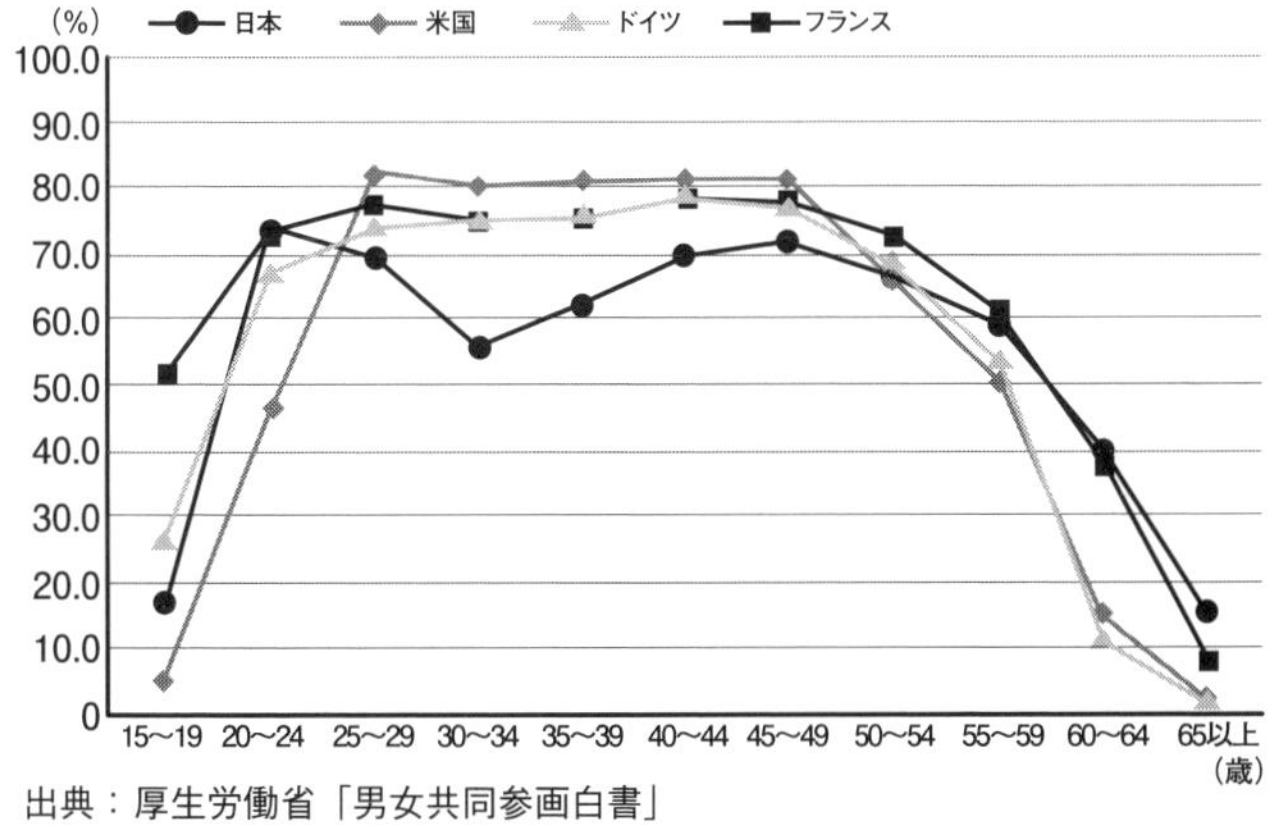

出典：厚生労働省「男女共同参画白書」

となっています。

　1人当たりの国民所得を維持するためには、労働生産性を高めていく以外の解決策は見当たりません。労働生産性を高めるためには、付加価値の高い分野に資源を重点的に投入することが重要となっています。

　次に、労働参加率を高めていくことも考えられます。主要先進国における女性の労働力率を比較してみると、わが国の25歳から39歳における女性の労働力率が、他の主要先進国の同じ年齢層と比較してとくに低いことがわかります。（図2-6）。これは、わが国におけるこの年代の多くの女性が、育児・介護等の家族的な責任を中心的に担っているためであると考えられています。したがって、わが国においては、こうした家族的な責任を有する人でも、働く意欲があれば就労することができるようにしていくことが重要となってきます。また、こうした環境づくりは、出生率の増加にもつながり、生産年齢人口の増加に寄与する可能性もあるほか、働く意欲のある高齢者や障害者の就労の機会を拡大していくことも重要と考えられます。

表2-1は、国政調査の値です。

表2-1

年	総　数 （万人）	老年人口 （万人）	高齢化率 （%）
1950	8,320	411	4.9
1955	8,928	475	5.3
1960	9,342	535	5.7
1965	9,827	618	6.3
1970	10,372	733	7.1
1975	11,194	887	7.9
1980	11,706	1,065	9.1
1985	12,105	1,247	10.3
1990	12,361	1,493	12.1
1995	12,557	1,828	14.6
2000	12,693	2,204	17.4
2005	12,777	2,576	20.2
2010	12,806	2,925	23.0

出典：「総務省統計局」

四　国の持ち家取得推進政策の功罪

①　住宅金融支援機構（元：住宅金融公庫）等の貢献

住宅金融公庫は、戦後の復興期、住宅建設が経済成長を促すことから、1950（昭和25）年に住宅金融公庫法により設立されました。国民大衆に住宅建設資金を長期・低利で貸し付け、居住水準の向上を図ることを主な目的としていました。

また、1951（昭和26）年には公団住宅、1955（昭和30）年には日本住宅公団といった住宅に困窮する低額所得者に対して低廉な家賃で賃貸する制度が相次いで整備されました。

住宅金融公庫の融資内容は、新築住宅購入、マンション購入、住宅建設に関する融資、中古住宅購入に関する融資、リフォーム融資など、さまざまな条件に応じた内容となっています。２００７（平成19）年４月には独立行政法人住宅金融支援機構に改組されましたが、この住宅政策に沿って長期低金利の融資を行うことにより国民の住宅建設、住宅取得には極めて重要な役割をはたしました。しかし、１９７３（昭和48）年には都道府県のすべてで住宅数が世帯数を上回るまでに至り、これが現在の空き家問題の原因となってしまったことは否めません。

② 住宅ローン減税期間の延長

私たち消費者がマイホームを持つことを考えた場合、最も経済的な影響が大きいのが住宅ローン減税という制度ではないでしょうか。

住宅ローン減税の歴史はマイホームの取得を応援する目的で、１９７２（昭和47）年に誕生し、１９７８（昭和53）年にローン返済額に応じた控除を受ける現在の制度に近い形となり、その後、内容が少しずつ変化しながら現在に至っています。

２０１６（平成28）年、住宅ローン減税の期間を延長することが合意されました。

住宅ローン減税は2019年に終了する予定でしたが、消費税率10％の引き上げ時期が2019年から2年ほど延長されたことにより、住宅市場への影響を考慮し2021年まで延長することが、今回の税制調査会での合意を受け、臨時国会に改正法案が提出されることになりました。

現在の住宅ローン減税の制度は次のようになっています。

1　毎年の住宅ローン残高の1％を10年間にわたって、所得税、住民税から控除（還付）をする。

2　10年間で最大400万円の控除（還付）をする。

3　認定長期優良住宅または認定低炭素住宅を建築する場合には、10年間で最大500万円の控除（還付）をする。

住宅ローン減税制度は、国家がマイホームを取得する夢を実現させてくれる政策として勤労意欲の向上と家族の融和団結を促すために必要な事業だと思います。

しかし、いま全国で問題化がすすんでいる約820万戸の空き家問題と切り離して考えることはできません。

政府主導で行われてきた持ち家取得推進政策を基本から考え直してゆく責任が問われています。

五　欧米に比べると低調な中古住宅市場

内閣府によると、米国では住宅取得件数に占める中古住宅の取引が新築住宅に比べて相対的に高く9割近くが中古住宅となっています。一方、日本では住宅取得件数に占める新築住宅の取引が8割近くとなっています。

不動産流通経営協会等の推計では、中古住宅の流通比率が2012（平成24）年で35％弱となっていますが欧米に比較すると圧倒的に少ない。この背景について内閣府では「供給側では対象となる住宅ストックの不足や質に関する情報不足」を挙げ、50年以前の住宅ストック数に着目し、日本では住宅の「寿命」ともいうべき滅失住宅の平均築年数が短いと指摘しています。このように、日本では中古住宅の取引が少ないのは中古住宅の所有者が当該住宅を売却しようにも税法上の耐用年数を超える住宅の場合には価値「0」と評価されていると指摘しています。従って中古住宅取引時点で評価される価値は「建物」ではなく「土地のみ」となってしまっています。

同様に国土交通省でも日本の建物は一律に経年減価法により評価されていることから実際の耐久性能とは関係がなく税法上の耐用年数を超える住宅は価値「0」として取引されていると分析しています。

国土交通省では建物価格の適正化を図るため原価法を抜本的に改善し、「リフォーム等により手をかけた住宅が適切に評価されるよう築年数のみではなく住宅の使用価値を適切に反映した評価手法への改善を図る」ことを提言しています。

日本で中古住宅市場に活気がない理由は中古住宅の適正価値が評価されていないことであり、その反動から金融機関も中古住宅を担保とする貸付けが困難となっています。その結果、中古住宅の所有者は売却をあきらめて、空き家のまま放置していると考えられています。

①　中古住宅が市場で流通している米国の例

米国では、1997年から2007年において、中古住宅価格が住宅購入または建築時価格を上回った時期がありました。米国の住宅市場では建物価格がそのまま物件の価格に反映するシステムが構築されているため、リフォームをすることにより住宅の価値が上がります。そのうえ修繕や修理は住宅の価格に反映され、場合によっては購入した後に質の高いリフォームをすることでコストがかけられ、さらに適切に管理されていると評価された中古住宅には含み益が発生し購入価格を上回る売却価格になることもあります。

②　日本における中古住宅流通の課題

国土交通省などが行ったアンケート調査によると、日本では中古住宅に比べて新築住宅の取引が圧倒的に多いのですが、なぜ中古住宅を選ばなかったか理由を尋ねた結果、「新築の方が気持ちよいから」が6割以上を占めており、さらに中古住宅を選ばなかった理由として「リフォーム費用がかかるから」、「耐震性や耐熱性などの品質が低い」、「隠れた不具合が心配だった」などがあがっています。

ここで日本人の「新築志向」と米国の「新築志向があまり強くない」を比べると大きな相違を感じます。それは、米国では中古住宅が市場で容易に取引ができることから、住宅の住み替え回数が圧倒的に多く、日本では中古住宅市場の未整備によって中古住宅よりも「新築を希望する」という気持ちが強く働いてしまうのでしょう。

中古住宅は、米国では資産であり、日本では消費財となっています。

今後、中古住宅市場が整備されることによって米国並みの取引を期待したいものです。安心して中古住宅を購入できるよう国土交通省および関係機関への力強い指導が望まれるところです。

③　これからの中古住宅の管理

日本の住宅市場はリフォーム費用が不明瞭であり、建築検査も住宅購入者自身が行う場合が多いことから価格のみに目を奪われてしまいます。

したがって、中古住宅の流通を拡大させていくためには、少なくともリフォーム費用の透明性を高める必要があり、その上で改修・修繕などによる住宅の品質に直結するようなリフォームや修繕を行った場合には、国土交通省の指導により、公的に通用する「住宅履歴簿」いわゆる住宅カルテを作成して市場価値の適正化を図ってゆくような整備が必要になります。

住宅金融支援機構などの金融機関の融資事業が、リフォーム、中古住宅向け融資の割合が相対的に高くなってきており、中古住宅市場にも一筋の光が見えてきました。

六　空き家予備軍となる「建築不可・再建築不可」の住宅

一般的に土地は自由に利用できるようになっていますが、都市計画法には用途と制限や建物規模の限度などが定められており、それさえ守ればどのような目的にも利用できるようになっています。

しかし、法律によって建物を建築することが認められない場合もあります。それは市街化調整区域内にある土地の場合、17万ボルト以上の高圧線の下にある土地と、建築基準法に定められた「接道義務」を満たさない土地の場合は「建築不可」または「再建築不可」とされています。この接道義務というのは、都市計画区域および準都市計画区域内の土地は、建築基準法に定める道路に2メートル以上が接していなければ建築確認を受けることができないとされています。

ここで建築基準法で定められた道路は、幅員が4メートル以上とされていますが、建築基準法が定められたのは、戦前の建物が多く残っていた1950（昭和

25）年でした。

この条文は、建築物の敷地が道路とつながっていることで、災害時の避難経路や、消防車や救急車などの緊急車両が安全に通行できる経路を確保することを目的としています。

では、なぜこのような「建築不可」または「再建築不可」住宅が発生したのでしょうか。

古くから日本国民は、戸主と家族という単位で構成された共同共生体で、戸籍という制度の中で町村単位に屋敷番号を与えられ長い間その一族で生活をしていました。もともと広い土地に一族が住む複数の建物があり、道路に面していた敷地を第三者に売却したときに、奥にあった敷地に専用道路を設けていなかったために、道路に接しない土地が発生したと思われます。

このような土地を先祖から相続している人が建物を取り壊してマイホームを建築しようとしても、その土地が建築基準法に定めた「接道義務」をクリアしていなければ建物を建設することができなくなります。

図2-7　再建築不可の土地の一例

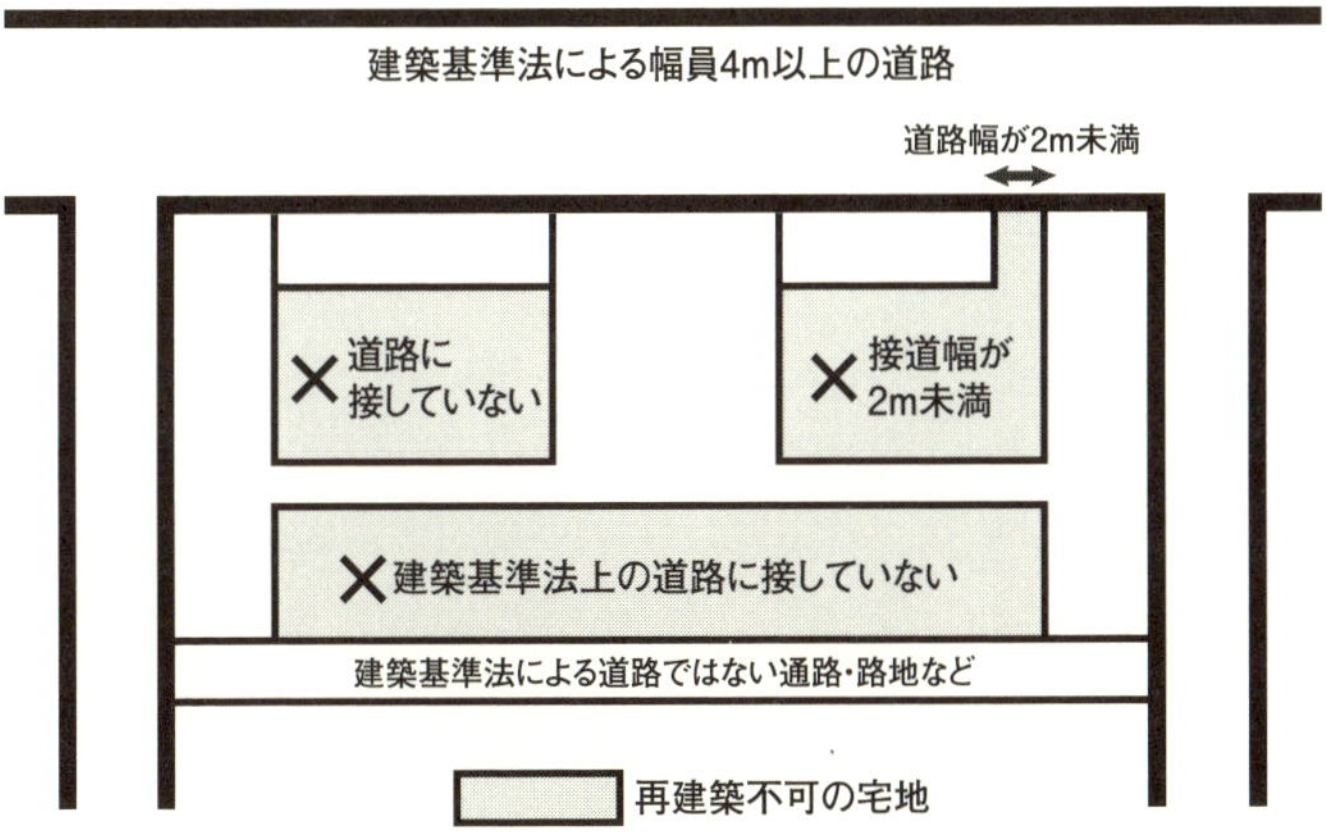

日本全国で敷地が道路に接していない住宅は約１１７万２千戸と言われており、幅員２メートル未満の道路（通路）に接している住宅は約２３０万５千戸にのぼり、多くの場合は空き家予備軍となってしまいます。

ただし、都市計画区域外の住宅では接道義務はありません。

この大きな問題の解決には国が関与した住宅施策が望まれるところです。（図2-7）

七　低品質の住宅供給システム運用の失敗

日本の空き家が、これほどまでに増加してしまった問題の根本的な原因として、低品質の住宅供給システムが挙げられます。この住宅供給システムは建物を設計して建設するというハード面の問題ではなく、住宅を供給するシステムのソフトの面に大きな問題がありました。

①　戦後の持ち家政策

この問題の原点には、戦後復興から始まってしまった「新築中心の住宅市場」にあります。現在、日本で売買されている住宅の9割近くは新築住宅で占められており、中古住宅は約13％に過ぎないのが実情です。その背景は、１９４５（昭和20）年の太平洋戦争にまで遡ります。戦災によって日本国内の主要都市は焦土と化し、圧倒的な住宅不足に見舞われました。加えて戦地からの一般市民や軍人の引き揚げによって、深刻な住宅不足が発生し、政府は国民の生活を安定させることが最重要課題となりました。また、都市部への人口の流入、核家族化による世帯数の増加が重なり、多くの住宅を供給しなければならない状況となっていきました。

戦後の復興が進んでいくなか、住宅建設が経済成長を促したことで持ち家の推進は、景気刺激の有効な手段としてその機能をはたすようになりました。

②　持ち家優位の構造をささえた環境

政府は1972（昭和47）年に設定された住宅ローン減税をさらに加速させ、住宅取得の推進を経済活動の起爆剤にしました。また、企業も経済成長期に従業員に対する終身雇用制度等の提供を行った結果、従業員の長期にわたる住宅ローンの返済を可能にしました。さらに、住宅・土地価格の上昇により、経済成長期に持ち家優位の構造ができ上がっていくことになりました。

③ 問題のある住宅供給システム

１９９０年代になって、日本の総世帯数に対して、新築住宅の販売予定数および空き家を含めた住宅ストック数が、大幅に上まわっていたのにもかかわらず、政府は住宅ローン減税をさらに加速させてしまいました。

この制度により、日本の住宅市場は新築住宅の供給を中心としたものになってしまい、中古住宅を取り壊しては新しい住宅を建てる「新築信仰」が完全に定着してしまいました。

戦後復興には多大の功績を残した住宅供給システムでしたが、すでに１９７０（昭和45）年あたりでその役割は終わってしまったにもかかわらず、政府は住宅取得優遇策を中止することなく、引き続き２０２１年まで住宅ローン減税の延長を決定してしまったのです。

こうして住宅供給の過剰を引き起こしてしまいました。

八　不透明な空き家の撤去費用

空き家は取り壊すか、活用するかの二者選択を迫られているなか、空き家対策特別措置法の施行に伴い、特定空き家に指定された場合には「撤去」という選択肢も視野に入れておかなければなりません。

使えない空き家は、取り壊すしかありませんが、解体にかかる費用の計算も複雑です。

空き家の撤去費用の計算で認識を新たにしなければいけないことは、まず、空き家の解体は超大型ゴミの処分という覚悟が必要となります。建物は、頑丈な基礎や浄化槽などの構造物があり、取り壊すためには大型の重機やたくさんの労力がどうしても必要となってきます。さらに建物の大きさ、取り壊す建物に接している道路幅によって大型トラックが使えるのか、小型トラックにしなければいけないのか、それとも人力での運搬になってしまうのか、また樹木の伐採や抜き取

り、リサイクル法に関係する家庭電化製品の処理なども解体費用に影響してきます。

一般的な空き家の解体費用の計算では、産業廃棄物処理プラントまでの輸送費、建物が木造なのか、軽量鉄骨もしくは鉄筋コンクリートなのか、解体に足場などの仮設工事が必要か、内装解体・外装解体・基礎・浄化槽の規模と重機の使用と運搬費、人件費、廃棄物処理費、樹木撤去費、ブロック塀の処理、その他諸費用などを合算して解体費用を計算するので、空き家によって撤去費用はまちまちとなります。

解体費用は構造だけではなく、道路幅などの立地条件によって大きく左右されてしまいますので、透明性を高めるために少なくとも公の許可を受けた複数の解体業者で見積もりを取ることが必要です。

第3章　空き家がひきおこすさまざまなトラブル

一　空き家の庭木等が越境

民法第二三三条には、次のように定められています。

1条　隣地の竹木の枝が境界線を越えるときは、その竹木の所有者に、その枝を切除させることができる。

2条　隣地の竹木の根が境界線を越えるときは、その根を切り取ることができる。

これは隣家から越境してきた庭木等に関する法律ですが、空き家を放置することにより隣家や道路にまではみ出しているのはよく見かける光景です。枝の越境は隣地の所有権の侵害に該当するため、損害を与えた場合には所有権侵害を取り除く妨害排除請求の訴訟を起こされる可能性があります。

また、隣地の庭木等の根が越境した場合は所有者の同意を得ることなく、その根は自分の物として勝手に切り取ることができると法律は決めています。

しかし、むやみやたらに切り取る事ができるわけではなく、建物を建設する場合に必要以上に延びている根を切り取るということです。

補足として、根を切り取ることにより木が枯れるという事が明らかな場合は、木の所有者に対して植え替えの機会を与える程度の配慮が必要です。

法律ではこのように決められていても現実はどうでしょうか。

仮に、空き家の所有者の連絡先を知っていたとして越境している庭木をスムースに切ってもらえるでしょうか。越境してきたたった1本の庭木が毎日の生活に不快感を与え、隣家とのトラブルの原因になっているケースが多くみられます。

二　空き家と工作物責任

空き家の存在は、地域への影響が大きく、適切な管理がされていないことから地震などが理由で瓦や外壁が落ちてきたり、台風によって放置された残置物が飛び散ったりする被害が十分考えられます。

これらは、人が住んでいれば適切に処置しますが、空き家は管理されていない状態なので危険は高まります。

民法第七一七条には、工作物責任について次のように定められています。

1　土地の工作物の設置又は保存に瑕疵《かし》があることによって他人に損害を生じたときは、その工作物の占有者（所有者との契約によって工作物を使用している者）は、被害者に対してその損害を賠償する責任を負う。ただし、占有者が損害の発生を防止するのに必要な注意をしたときは、所有者がその損害を賠償しなければならない。

2　前項の規定は、竹木（庭木）の栽植又は支持に瑕疵がある場合について準用する。

3　前二項の場合において、損害の原因について他にその責任を負う者があるときは、所有者又は占有者は、その者に対して求償権を行使することができる。

つまり、空き家などの工作物に瑕疵という隠れた傷があって、これが原因となり他人に損害を与えた場合には、その工作物の所有者または占有者は損害賠償責任を負うという法律です。たとえば壊れかけている空き家の傍を歩いていた通行人に瓦が落ちてきてけがを負わせたり、台風などが原因となって空き家の塀が飛んできて窓が壊れた場合です。

　土地の工作物とは、建物、鉄橋、トンネル、公園のブランコだけでなく、建物内部の工作物、たとえばエレベーター、エスカレーターなども工作物とされています。

　そして、このことは庭木などにも準用されるため、人工物・自然物を問わず、敷地内にある建物・設備・庭木などの一切が対象に含まれます。

　空き家になった当初は問題のない家でも、老朽化して問題が出てきたのに放置して他人に被害を与えた場合、被害を受けた人から空き家の所有者や占有者に損害賠償を求められても仕方がありません。

　これは空き家といえども所有者や占有者はきちんと管理をすることが法律で定められているからなのです。

三　空き家と失火責任法

空き家が防犯・防火の問題となることはよく知られており、空き家の隣りの住人にとって空き家からのもらい火が最も心配となります。

民法七〇九条では、「故意又は過失によって他人の権利又は法律上保護される利益を侵害した者は、これによって生じた損害を賠償する責任を負う。」となっています。これは、他人の行為または他人の物により権利を侵害された者が、侵害からの救済を求めることができる制度なのです。

この法律を空き家に例をとって考えてみますと、隣の空き家から出火した火災が原因で自宅が燃えてしまった場合には損害賠償請求ができることになります。

しかし、失火責任法では、「民法第七〇九条の規定は失火の場合にはこれを適用せず。ただし、失火者に重大なる過失ありたるときはこの限りにあらず。」と定められています。

この失火責任法は1899（明治32）年に定められた法律で、現在も有効ですが、日本は国土が狭いうえに木造家屋が密集しており、火災が発生すると広範囲に被害が及ぶといという住環境にあることから、失火した人が自宅を失った上に、類焼を受けた人への損害賠償責任を負わせるのは、賠償能力をはるかに超える、といった背景があるようです。

しかし、この法律の後段では、失火者に重大な過失があるときには、この限りでないとしています。

重大な過失の解釈には意見が分かれるところで、火災の可能性を予見していたのに防止しなかったとすれば、重大な過失と認定されるかもしれません。電気が原因で自然発火する可能性もあり、コンセントプラグのトラッキング現象や防犯用の照明が付いている家も増えているので注意が必要です。

法的な責任が不明確だからといって、道義的な責任もないかというと別問題で、十分に火災を防止できなかった責任は残りますので、失火者は類焼したお宅へのお詫びとしてそれなりに出費を伴いますから、リスクとして考えておくべきです。

空き家の所有者が出火時の損害賠償に備えるためには、少なくとも空き家に瑕疵がないことを証明する必要がありますので、空き家を管理する専門業者やＮＰＯによる空き家の管理実績が必要になってきます。

また、最近では条件付きながら空き家に掛ける火災保険商品もありますので考えておく必要があります。

四　空き家からの窃盗

窃盗犯が家屋等に侵入して窃盗をした件数は、２００３（平成15）年以降減少に転じ、２０１５（平成27）年には８万６３７３件、前年比マイナス７・７％と13年連続で減少しています。また、このうち住宅を対象とした侵入窃盗も２００４（平成16）年以降減少しており、２０１５（平成27）年は４万６０９１件と前年比マイナス４・２％と、同じく減少をしています。

図3-1　侵入窃盗の認知件数の推移

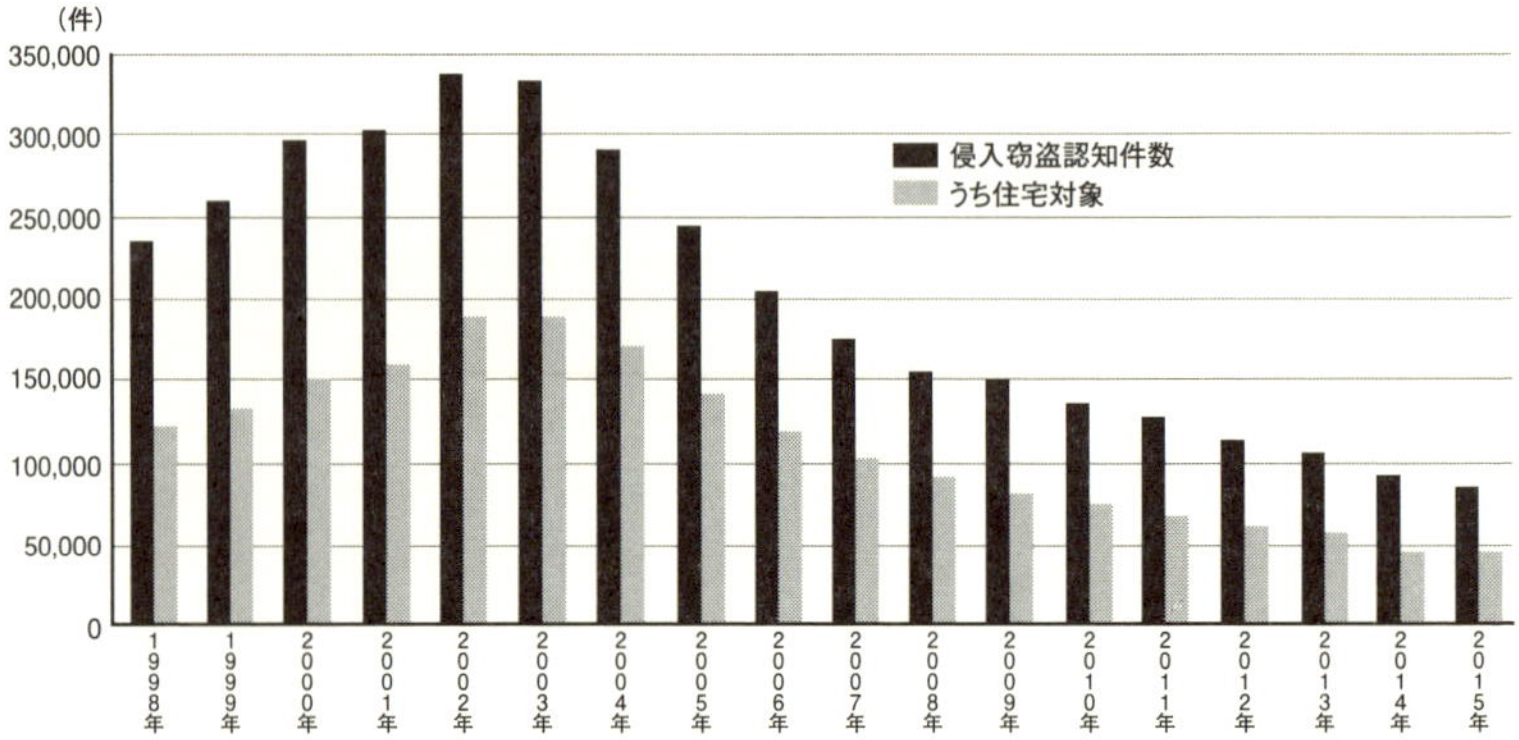

出典：警察庁

しかしながら、1日あたり約126件もの住宅に対する侵入窃盗が発生しており、まだ多くの住宅が被害にあって治安を脅かされています。

これから心配になってくるのが、人の目が届かない無防備な空き家への窃盗事案ではないでしょうか。

一人暮らしをしていた人が老人ホームなどの施設へ入所したり、不幸にして亡くなった場合には、その人が生活で使用していた電化製品、家具類、洋服などがそのまま残ってしまい窃盗犯の格好の餌食となってしまいます。

家族や親せきの人が近所で住んでいる場合には何かと後片付けなどの管理もできますが、近所にいない場合には、いくら門扉や玄関の戸締りをしっかりしていたとしても、無人になった空き家に窃盗犯は容易に侵入してしまいます。

住人の居なくなった空き家には、簡単に盗むことができ、価値の高い置物や美術骨董品、ときには現金や貴金属類などが残されており、新聞報道によれば、九州で古い空き家を狙って忍び込み、刀剣や骨董品を専門に盗難していたグループが逮捕されていました。

窃盗被害にあって、空き家から何か物がなくなっていても、盗まれたことに気づかないこともあり、泥棒にとっては捕まるリスクが減ることになってしまいます。２０１４（平成26）年に警察庁が発表した統計資料によると、犯人が「窓」から侵入したとされる空き巣被害は63・６％となり、次いで「出入り口」が36・４％となっていることから、まず窓の防犯対策を見直すことが大切になります。

防犯関連の資料を見てみると、空き巣犯が窓からの侵入に５分以上かかった場合、８割近くは犯行を諦めるという結果が出ています。したがって、空き巣犯の侵入時間を長引かせるように、窓に補助錠などを取り付けて防犯対策を強化することが有効になります。

また、「空き家巡回サービス」と呼ばれるサービスもありますが、原則として空き家に荷物や貴重品を置かないことです。

第4章　空き家・空き地と相続

一　相続税の改正について

「はじめに」で述べたように、民法第八八二条には「相続は、死亡によって開始する」と定められています。人は必ず人生の終焉《しゅうえん》を迎えます。その際に被相続人の最後の悩み、そして残された相続人の最初の悩みとなるのが相続です。

死亡した両親から不動産や預貯金などの遺産を相続した場合には、その総額から基礎控除を差し引いた金額に応じた「相続税」を納めなければなりません。

２０１５（平成27）年に行われた税制改正では、それまでの課税対象額などに準じて相続税の納付義務が発生するようになりました。これによって、人が住んでいない「空き家」に対する取扱いがより厳格化されました。

また、２０１５（平成27）年に行われた相続税の重要な改正点は、基礎控除額が減額され、税率がアップになったことです。

相続税には基礎控除額が設定されています。改正前には５０００万円プラス相続人一人当たり1000万円でしたが、改正後は3000万円プラス相続人一人当たり600万円となり、相続税を広く浅く納めさせるという方式に変更されました。この改正により、課税対象者が大幅に増えたことになります。

しかしながら、小規模宅地等の特例減税という制度も見逃せません。これは、比較的小さな宅地を相続した場合、相続税が一定の割合で減税される特例措置が次のように認められています。

改正前：限度面積240㎡（減額割合80％）

改正後：限度面積330㎡（減額割合80％）

となり、それまで減税措置対象とならなかった「空き家」に対しても、いくつかの要件を満たしていれば、減税の対象として認められるようになりました。

それは、相続が発生（被相続人の死亡時）した時点で、被相続人が要介護または要支援認定を受けている、あるいは介護を目的とした施設に入所しているなどの、身体や精神上の理由で留守になっている場合が該当します。

また、相続した空き家をそのままにしておくと、相続税が高くなってしまうこともあるので、相続が発生する前に節税対策を専門家に相談しておくことが重要です。

二　相続した空き家でも三年以内に売却すれば特別控除が適用

従来であれば、所有者自身が生活の拠点として利用していた家屋を売却する場合に適用されていた「譲渡所得の三千万円の特別控除」が2016（平成28）年度税制改正大綱で、相続登記が完了した空き家を相続人が売却した場合に所得税の軽減措置として「空き家に係る譲渡所得の特別控除の特例」が所有期間の長短には関係なく創設されました。

これによって相続した空き家を売却する場合には三千万円の特別控除の特例が適用されることになります。

ただし、この特例を受けるには、次の条件を満たす必要があります。

1　1981（昭和56）年5月31日以前に旧耐震基準で建てられた家屋
2　マンションは特例の適用から除外
3　被相続人が一人で住んでいた居住用家屋が相続開始で空き家になった家屋
4　相続発生から3年後の年末までに売却する。
5　譲渡価格は1億円未満とする。
6　相続発生後、住んだり、貸したり、事業に用いたりしていないこと。
7　建物を解体するか、新耐震基準を満たすように改修して譲渡する。

この場合、住まなくなった日から3年目の12月31日までに売却すれば、譲渡所得から最高3000万円まで控除され、売却益が3000万円までなら、その譲渡所得に対して所得税は課税されない制度となっているので、詳しくは税務署または専門家に相談をして下さい。

家屋を取り壊して土地だけを譲渡する場合は、次の二つの要件すべてに当てはまることが特例の適用を受けるための条件となります。

1　その敷地の譲渡契約が、家屋を取り壊した日から1年以内に締結され、かつ、住まなくなった日から3年目の年の12月31日までに売ること。

2　家屋を取り壊してから譲渡契約を締結した日まで、その敷地を賃貸していないことやその他の用に供していないこと。

親が住んでいた建物を使用する目的がなければ、空き家を荒れたまま放置せずに、２０１５（平成27）年2月26日に施行された「空き家対策特別措置法」の特定空き家に指定される前に、この特別控除の特例を受けられるよう専門家に相談することをおすすめします。

三　空き家・空き地所有者の特定が困難な理由

相続は、被相続人が死亡することによって開始され、被相続人が持っていた不動産や預貯金などの相続財産を相続人全員が集まって民法に定められた法定相続分を基準として遺産を分割し、それぞれの相続人が所有することです。その際、全員の相続人が集まらなかった場合や相続人の中から遺産について不服があって遺産分割ができなかったりして、相続が決裂し相続財産が被相続人のままになっている不動産が現実にはたくさんあります。

これは不動産の登記に法的義務のないことも原因のひとつですが、このように相続が行われないまま年月が過ぎてゆくと相続人の中には結婚をすることによって新たな相続人が発生したり、死亡する相続人がいたり、極端な例として相続人のすべてが死亡してしまい、相続人不存在となってしまう事例もあります。

この状態を税金面からすると、国税としての相続税そして地方税としての固定資産税の徴収にも悪い影響が出てきます。また、空き家問題から考えると空き家の所有者が特定できないことから、空き家がおよぼす所有者責任の所在があいまいになり周辺の住民に迷惑をかけることにもなりかねません。

それでは、白紙的に空き家の所有者はどうしたら特定できるのでしょうか。

まず該当する不動産の登記簿謄本を取得することが必要です。登記簿謄本は該当する不動産の住所を管轄する法務局で不動産の所在地、地番等を記載した請求書を提出すれば発行してくれます。

登記簿謄本の権利部には「登記の目的」、「受付年月日・受付番号」、「権利者その他の事項」という欄があり、不動産の所有者が記載されています。

所有者が被相続人の死亡を原因としてその死亡年月日に相続人に変更されていたら相続が行われていたことになります。死亡している被相続人のままであった場合には相続が行われていないことになり、つまり所有者は死亡した被相続人が所有したままで税務上の不都合が生じることとなります。そこで法律は、「相続による納税義務の承継」を定め、固定資産税に限らず住民税などの地方税を相続人がその義務を負うことにしました。

では、相続が行われていない不動産はどうすればよいのでしょうか。

相続人の代表者が被相続人の相続財産および相続人の調査を行い、それが確定したら民法に定められた法定相続分を基準として遺産を分割し、それぞれの相続人が所有することになります。相続財産のうち不動産については所轄の法務局に対し、すべての相続人が合意し作成した遺産分割協議書と必要書類を持参して相続登記を行うことにより、相続に伴う不動産の所有権移転が完了します。

困った時には専門家に相談して下さい。

四　相続人がいない空き家・空き地はどうなる？

少子高齢化や核家族化等の社会現象または相続人全員が相続放棄をしてしまったことが原因となって所有者のいない空き家や空き地が日本全国に多く存在しています。２０１６（平成28）年に農林水産省が全国の農地約５２６万ヘクタールのうち17・７％にあたる約93万４千ヘクタールが相続などの理由で所有者がわからなくなっていると発表しました。これは東京ドーム約20万個に相当する広さになります。さらに、所有者がわからなくなっている農地のうち、約５万４千ヘクタールが耕作放棄地となっていることもわかりました。これは東京ドーム約

1155個の広さに相当する農地が耕作されないまま放置されていることになります。

そのまま放置すれば、地域の治安や防火、衛生そして景観を損なう原因となるほか、日本の農業政策の根幹を揺るがしかねなくなります。相続人が誰一人として存在しない空き家や空き地の相続はどうなるのでしょうか。

民法では、相続人が存在しない場面には、家庭裁判所は遺産に利害関係を持っている人を探すため、検察官の請求によって家庭裁判所は遺産の管理人を選任し公告をします。管理人は2ヵ月以内にすべての相続債権者や受遺者に「この期間内に権利の申し出をせよ」と公示をします。それでも相続人が現れないときには、さらに6ヵ月以上の期間を定めて公告をします。それでもなお現れないときには、被相続人と特別の縁故があった者、すなわち生活をともにしていた内縁の夫や妻、または被相続人の療養看護に勤めていた者の請求により遺産の全部、または一部を分与します。特別縁故者もいなかった場合には、「遺産のすべては、国庫に帰属する」という法律に基づいて国有財産となってしまいます。

私たちは、ある日突然、自分の意に反して誰もが被相続人、相続人または受遺者となったり、不法行為、違法契約または損害賠償問題などの事件に巻き込まれたりする可能性があるのです。

相続というデリケートな問題ではありますが、被相続人は、自分の持っている財産を誰に託すのかを、最終意思の表示として遺言に残しておくなどの法律効果を発生させておくことが大切です。

五　相続での小規模宅地等の特例

小規模宅地等の特例減税という制度は見逃せません。これは、居住用の土地を持っている人が、相続税を大幅に安くできるという制度です。

今まで住んでいた被相続人が死亡したあとに、財産を相続した相続人が、これからも住み続けることは、高い相続税を払えなくて土地を手ばなす事態を避けるために有効な方法となります。

小規模宅地等の特例では、亡くなった宅地の所有者や生活をともにする家族の事業用または居住用の宅地が一定の要件を満たすことで、その宅地の評価額を最大で80％減額してもらえる規定があります。たとえば1億円の価値がある宅地の場合でも最大80％を減税してもらえると、２０００万円で税金計算してもらえるので見逃すことができない規定です。

相続後は、相続税の申告期限（原則、相続後10ヵ月）までの間、宅地の所有者がその宅地を継続して利用していることが必要です。また、面積の要件として、面積の上限が事業用宅地は４００㎡、居住用宅地が３３０㎡となっています。

第5章　空き家対策特別措置法とは

一　空き家対策特別措置法の概要

今までも各自治体は、「空き家等適正管理条例」の整備を進めていましたが、２０１４（平成26）年全国の総自治体数１７２７のうちの約21％と低調でした。しかし、２０１５（平成27）年2月26日に施行された「空き家対策特別措置法（空き家法）」は田舎に空き家を持つ人やこれから住む人がいなくなる恐れのある住宅を持っている人、空き家の隣に住んで空き家から迷惑を受けている人たち、そして空き家「ゼロ」と定住化を目指している自治体にとって聞き逃すことができない法律となりました。自治体での空き家等適正管理条例制定の加速が期待されます。

空き家対策特別措置法の目的は次のように定められています。

ア　地域住民の生命、身体又は財産を保護する。

イ　（地域住民の）生活環境の保全を守る。

ウ　空き家等の活用を促進する。

エ　空き家等に関する施策を総合的かつ計画的に推進する。

オ　公共の福祉の増進と地域の振興に寄与する。

要約をすると、「空き家が存在する地域住民や生活環境を守り、空き家の活用施策を推進するとともに公共の福祉に貢献する」となります。

空き家対策特別措置法は法律を有効に機能させるために市町村長に対して、次のような権限を与えています。

ア　特定空き家を判断する立入り調査権

イ　立入り調査を妨害した所有者に20万円以下の過料または、命令に違反した所有者に50万円以下の過料に処すること。

※　過料とは、刑罰の科料ではなく、法的秩序の維持等を目的とした金銭

制裁です。

ウ　指導・勧告・命令の権限及び解体や除去など強制執行

エ　土地に対する固定資産税の特例（優遇措置）を除外する権限

二　特定空き家の指定

空き家対策特別措置法では、次のように周辺への影響が大きい空き家を「特定空き家」と定義しています。

ア　そのまま放置すれば倒壊など著しく保安上危険となるおそれがある状態

イ　そのまま放置すれば著しく衛生上有害となる恐れがある状態

ウ　適切な管理が行われていないことにより著しく景観を損なっている状態

エ　その他周辺の生活環境の保全を図るために放置することが不適切な状態

特定空き家等の判断は市町村長が行いますが、長期間にわたって人が住んでいないという理由などで一方的に特定空き家に指定されることはなく、所有者の意見を聴取したり措置までの猶予期間を設けたりしているので、柔軟に対応をしてもらえます。

三　強制対処の段階

強制対処は、いきなり行われるものでなく、それには順序を経た段階を設けています。

最初に行われるのは、除却（解体）、修繕、竹木（庭木）の伐採等の助言または指導が行われ、助言や指導を受けても改善されない場合には、猶予期限を付けて改善するよう勧告します。ここで注意しなければならないことは勧告の対象になると固定資産税の特例対象から外れてしまい、助言や指導はイエローカードが出されたと思わなくてはなりません。

勧告でも改善されない場合は猶予期限を付けて改善命令が出されます。この時には対象者に意見を述べる機会が与えられるので意見の陳述ができます。

命令の猶予期限を過ぎても改善に従わなければ強制対処の対象になりますが、ここで気をつけなければいけないのは、命令を受けて改善に着手すればよいのではなく、猶予期限までに改善を完了しておくことです。

倒壊の恐れがある空き家に対する改善命令に従わない場合には撤去となりその撤去費用は所有者負担となります。

四　行政代執行

空き家対策特別措置法では行政代執行法の定めに従って次の三つの要件に従い代執行ができると規定しています。

ア　義務者が義務を履行しない。

イ　他の手段で義務の履行を確保することができない。
ウ　不履行を放置することが著しく公益に反する。

ここで大切なことは「著しく公益に反する」という要件です。空き家対策特別措置法の施行以前は、この要件が障害になり代執行できない事例もありましたが「特定空き家は公益に反する。」ことを根拠に代執行ができるようになりました。

また、空き家への行政代執行の要件は次の2つになります。
ア　空き家が特定空き家等とみなされ公益に反したとき。
イ　行政からの改善命令に従わず義務の不履行が認められたとき。
仮に、空き家の所有者は、公益に反し義務の不履行も知っていながらその状態を放置して、行政代執行を傍観していても行政代執行法第六条第一項には「代執行に要した費用は、国税滞納処分の例により、これを徴収することができる」と定められており、逃げ得は許されません。

また、空き家対策特別措置法では、所有者が不明の場合でも代執行できる規定があります。ただし、過失がなくて知ることができないことを条件としていますので、所有者が不明のときは確認もせずに行うのではなく、所有者を調査したうえで、所有者が判明したときに代執行が行われます。

五　まとめ

空き家対策特別措置法は特定空き家に指定されると直ちに強制撤去をするという法律ではありません。特定空き家等の判断は市町村長がどのような基準で判断するかにかかっています。

いずれにしても空き家の所有者は、空き家周辺の住民や環境に配慮しながら行政と連携をし、適切に管理をしなければならない義務があります。

したがって一度は行政に相談をしてみることをおすすめします。なぜなら、市町村は空き家の所有者に対して、適切な管理を促進するための情報提供や助言等をすることが法律で定められたからです。

第6章　空き家・空き地の問題点

一　空き家への放火が出火原因の第1位

消防庁の発表によると、2015（平成27）年では日本全国の年間総出火件数は3万9046件でした。これは、およそ1日あたり107件、13分ごとに1件の割合で火災が発生している計算になります。

火災の種類は、建物火災が2万2149件、車両火災が4184件、林野火災が1109件となっています。

また、出火原因の第1位は「放火」が3975件、「放火の疑い」が2466件で、これらを合わせると6441件となり、火災の5件に1件は放火という危機的な状況になっています。

この「放火」や「放火の疑い」という出火の状況は都市部に集中する傾向が強く、東京都1023件（22・9％）、大阪府547件（24・5％）、神奈川県486件（23・8％）、埼玉県449件（22・6％）、愛知県405件（20・0％）となっており、大都市では常に「放火」に警戒をしていなければなりません。

とりわけ空き家は放火の対象になりやすいと言えます。それは「空き家が誰も管理していない」と思わせてしまい、不審者が最も嫌う「人の目」がないことです。

また、空き家へのゴミのポイ捨てや枯木・枯草などの燃えやすいものがあることが原因ではないかと考えられています。

それでは、空き家を火災から守るための手段としてどうすればよいのでしょうか。まず、放火される可能性のある、ゴミ、枯れ木・枯れ草などの可燃物を置かないことです。次に子どもや不審者などが容易に侵入できないように、門扉や建物の施錠をしておくこと、夜間はできる限り建物周辺を照明

しておくこと、また空き家管理の専門業者やＮＰＯなどと空き家管理契約をしていることを不審者にアピールする看板などを設置するとともに、警察、自治会や付近の住民と連携をしっかり取り合い「人の目」を意識することが極めて大切です。

二　割れ窓理論と治安の悪化

アメリカの犯罪学者ジョージ・ケリングが提唱した環境犯罪学上の割れ窓理論では「建物の窓が割れているのを放置すると誰も注意を払っていないという信号になり、やがて他の窓もすべて割られてしまう」という考え方です。

これは、軽微な犯罪も徹底的に取り締まることで、凶悪犯罪を含めた犯罪を抑止できるとする犯罪学上の有名な理論です。

この現象は空き家にもあてはまり、次のように地域住民の関心が変化していきます。

空き家を放置すると誰も関心を払っていないサインとなる。

←空き家にゴミのポイ捨てや不審者の出入りなどの軽犯罪が起きるようになる。

←住民のモラルが低下し地域の振興や安全確保に協力しなくなりさらに環境悪化に繋がっていく。

←凶悪犯罪を含めた犯罪が多発するようになる。

ニューヨーク市は、1980年代からアメリカでも有数の犯罪多発都市として知られていましたが、1994年に治安回復を公約に出馬したルドルフ・ジュリアーニ（元検事）が市長に当選しました。

これを機にルドルフ・ジュリアーニ市長は「家族連れにも安心な街にする」と宣言し、割れ窓理論のケリングを顧問とし、この理論を応用して治安対策を行いました。

この政策は「ゼロ・トレランス（不寛容）」政策と名付けられ、警察に予算を重点配分し、警察職員を増員（5000人）して街頭パトロールを強化しました。

そして、落書き、未成年者の喫煙、無賃乗車、万引き、花火、爆竹、騒音、違法駐車など軽犯罪の徹底的な取り締まりを行った結果、市長就任後5年間で犯罪の認知件数は殺人が67・5%、強盗が54・2%、婦女暴行が27・4%と減少し、ニューヨークの治安は劇的に回復することになりました。街も活気を取り戻し、住民や観光客が戻ってきました。ささいな事象をその都度解決することで経営環境を改善するとともに活性化に繋げ、大きな効果を得ることになりました。

また、心理学者フィリップ・ジンバルドは1969年、人が匿名状態にある時の行動特性を実験で検証しています。その結論は、「人は匿名性が保証されている、または責任が分散されている状態におかれると、自己規制意識が低下し、『没個性化』が生じてしまい、その結果、情緒的・衝動的・非合理的行動が現われ、また周囲の人の行動に感染しやすくなる」というものでした。

このように空き家の放置は地域全体の治安の悪化だけでなく住民のモラルの低下に悪影響を及ぼす原因となります。

悪化した治安を回復させるには、住民全員の協力が必要となります。ゴミのポイ捨て防止とゴミの分別ルール化を徹底し、決められた場所に捨てること、警察と連携してパトロールなどへの積極的な参加により犯罪の防止活動を行い、地域社会の秩序の維持に協力する雰囲気作りが大切になってきます。

三　空き家で起きている困りごと

空き家を所有している人や近隣の人には困りごとや悩みの種がたくさんあって当事者でなければその苦労は理解できないのではないでしょうか。

空き家相談会での、代表的な困りごとを次の通りまとめてみました。

① 空き家の管理について

- 親が住んでいた家が空き家になったがこれからの管理の仕方がわからない。
- 空き家が遠方なので思うような管理ができない。
- 空き家の草刈りや庭木の剪定《せんてい》が負担である。
- 不用品が多くて片づけられない。

- 閉め切った状態なので空き家の傷みが心配だ。
- 建物を取り壊すと固定資産税が上がるというのは本当か。

②　空き家の処分について

- 賃貸や売買を考えているが行政は相談にのってくれるのか。
- 空き家を売りたいが税金はどうなるのか知りたい。
- 処分したいが相続が決まっていないので困っている。

③　隣地等との問題

- 近所の空き家に粗大ゴミがすてられている。
- 隣の空き家に空き缶やコンビニの袋が投げ込まれて困っている。
- 隣の空き家の庭木や雑草が伸び放題で困っているが持ち主との連絡がとれない。
- 隣の空き家からの悪臭で毎日の生活が苦痛である。

- 老朽化した隣の塀が自宅に倒れてこないか心配だ。
- やぶ蚊などが増えて衛生上問題が起きている。
- ご近所の空き家の軒先に蜂が巣をつくって危険だ。
- 「幽霊屋敷の隣の家」と呼ばれていると聞いて不愉快である。
- 荒れ放題の隣の空き家を見るたび憂鬱になる。

④ 防犯・防火問題

- 近所の空き家へ不審者が入っていくのを見た。
- 子どもが出入りしており火遊びが心配だ。
- 門扉や窓が壊れているので不審者の侵入が心配だ。

このほかにも、たくさんの相談があります。

四　空き家が原因となる地域ブランド力の低下

国土交通省が、全国1804市区町村を対象に実施した2009（平成21）年1月1日時点での「地域に著しい迷惑をもたらす土地利用状況の実態把握アンケート結果」によると、「迷惑土地利用の発生により、周辺の地域や環境に対してどのような影響が生じていますか」という問いに対し「風景・景観の悪化」が127件と一番多く、全体の2割を占めました。また、「ゴミなどの不法投棄等を誘発する」が64件、「防災や防犯機能の低下」、「悪臭の発生」、「火災の発生を誘発」などの回答が寄せられました。

また、雑草が生い茂っている空き家や空き店舗は全体の39％でその中でとくに影響が大きいと答えた市区町村は16％となっており、その原因として「管理者のモラル低下」、「所有者が町外者であり管理を放棄」、「高齢化、収入の低迷等による、維持管理費用の拠出困難」の回答が目立っています。

これらの現象は管理を放棄された空き家が原因となり地域の風景・景観を悪化させるとともに、人の目が届かなくなることにより、ゴミの不法投棄が始まり、不審者が目立つようになって防犯・防火上の大きな問題となっています。

これらが原因として「空き家が多く、その空き家も雑草が生い茂り、ゴミが散乱し、不審者が出没し、どこからともなく悪臭が漂う汚い街」という風評が定着してしまうと空き家を原因として地域ブランド力の低下を招きます。

以下に、その原因について説明をします。

① 空き家の倒壊・破損・散乱の発生

放置された空き家は、手入れが行き届かない事から倒壊に至らなくても、地震による外壁の剥落、台風による屋根材の散乱等が起きる可能性が十分考えられます。

専門業者にしっかりと管理されておれば危なくなったら適切に修繕されるのに対し、常に管理されない空き家はそのような危険は高まります。

放置された空き家が老朽化しても、個人の財産として管理するだけなら所有者だけの責任ですが、今は問題がなくても将来空き家が与える悪い影響は大きな問題となると言えます。

②　浄化槽の破損による汚水の流出、害獣・放棄ペット・害虫による有害衛生環境の悪化

ア　浄化槽の破損による汚水の流出

日本では、2014（平成26）年度、汚水処理施設の普及率は人口比で89・5％ですが、中小市町村を中心に約1300万人は未だ単独浄化槽（戸別）を使っている状況です。

浄化槽は、汚水の衛生処理（伝染病の予防、蔓延の防止等）および環境保全の目的で設置されていて、定期的に検査を受けることが義務づけられています。空き家になってしまい放置された浄化槽は定期検査を受けることもなく老朽化が進み、浄化槽本体やマンホールなどに亀裂が発生し、雨水の侵入などにより汚水の

流出や害虫の発生源になっています。

また、悪臭や害虫の発生は近隣住民の迷惑になるばかりか、汚水が地下に浸透することで地下水の汚染にまで被害が大きくなっていくので適切な管理が必要になります。

イ　害獣・放棄ペット・害虫

空き家は、人の出入りがなく、また侵入が容易なために、害獣・放棄ペット・害虫などの格好の「棲みか」となり、地域の生活住環境に悪い影響を与えてしまいます。これらの害獣や放棄ペットは空き家では餌がないため、餌を求めて近隣住宅に侵入したり、地域のゴミ回収所を荒らしてしまいます。また、空き家で小動物たちが死んでしまうと、死体が悪臭を放ったり害虫が発生するなど非常に不衛生です。

人の住まなくなった空き家は掃除をすることがないので、家の中は、どんどん汚れていきます。そのうえ湿気などの条件が加わり害虫の発生が当たり前になって、ホコリなどを餌にする「チャタテムシ」や「ツメダニ」などが発生します。チャタテムシはホコリが溜まり湿気を含む紙を好んで食べ、ツメダニはそのチャタテムシを餌とするため、ホコリ↓チャタテムシ↓ツメダニの悪い連鎖が始まります。ダニは人間が吸い込むと肺炎引き起こすこともあります。

ツメダニは高温多湿の夏場に異常発生し、人を刺す被害が増えるのもこの時期なので、ツメダニやチャタテムシは一般家庭にある燻煙タイプの殺虫剤で定期的な駆除と掃除が必要となってきます。

チャタテムシ（大きさは1ミリ程度）

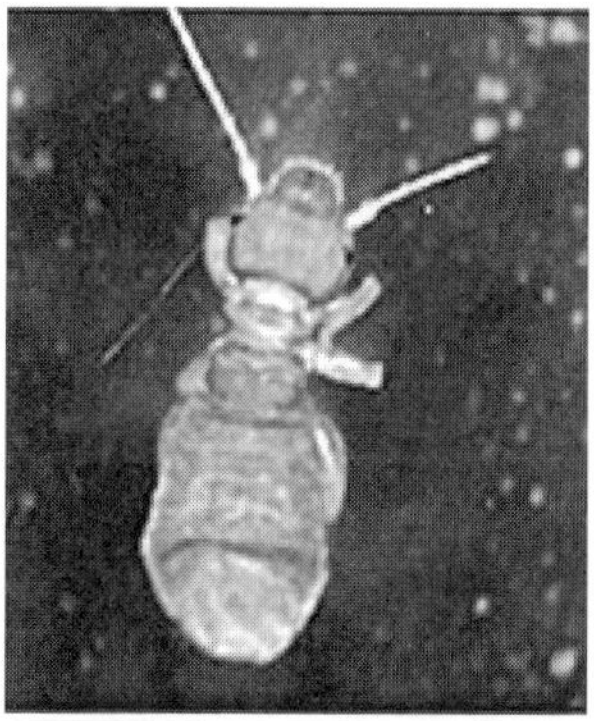

ツメダニ

③　不審者の不法滞在や不審火などの治安の悪化

長期間にわたって放置され続けている空き家は不審者にとって、雨・風をしのぐ最高の隠れ家です。

不審者が不法滞在をすることによって、犯罪などの発生や不審火等の防火問題への不安が出てきて、ひいては地域の治安の悪化につながってしまいます。

不審者は、空き家が適切に管理されているかどうかを常にチェックしていると言われており、管理者が定期的に管理をしている看板などの設置が有効的です。

④　庭木や雑草の繁殖とゴミの不法投棄

ゴミの不法投棄は空き家が格好の投棄場所となります。庭木や雑草が生い茂った空き家は、誰も管理していないという暗黙の信号を送っているのと同じです。家具や電気製品、自転車などの大型ゴミなども不法投棄されやすくなります。

逆に庭の手入れが行き届いており、定期的に所有者が来ている様子が伺えると、ゴミの不法投棄が見つかってしまう可能性があるので不法投棄はされにくくなります。

もし、ゴミを不法投棄されてしまった場合には、自治体や警察への通報が必要ですが、いくら不法投棄されたゴミであっても敷地内であれば空き家の所有者や占有者の責任で処分しなければなりません。

空き家の管理が難しい場合は、空き家管理サービスの専門業者に依頼するか、不法投棄の防止を呼びかける看板などの設置は一定の効果が期待できます。

⑤　周辺の生活環境の保全力低下

こうした状況を考えると、空き家の存在は生活環境の保全力を低下させる原因になっていると言えそうです。

生活環境の保全力は、生活を営んでいく上で、最も基本的な要件になっています。これからは、循環型社会システムづくりの体制を確立していくことが要請されていて、住民一人ひとりが暮らしやすい生活環境の構築に向かって助け合い、見守り合う意識を持つことが望まれます。

放置空き家を一軒でも少なくするために、地域防犯・防災対策の強化などを積極的に推進し、だれもが住み続けたいと思う安全で快適な居住空間の形成を図ってゆくことが住民の幸せにつながってゆきます。

五　生産緑地問題

空き家は大きな社会問題として広く知れわたってきましたが、もうひとつの大きな問題は関係者以外にはあまり知られていない生産緑地問題です。

①　生産緑地とは

生産緑地とは、都市計画法で定められた市街化区域内に存在する農地や緑地を示し、該当する自治体数は、東京23区、首都圏、近畿圏、中部圏内の政令指定都市及び首都圏・近畿圏・中部圏開発整備法に指定する一定の区域内の２１９となり、地区数は6万3539地区、また面積は1万3859ヘクタールで東京ドーム約3000個分ともいわれています。

②　生産緑地問題の発生

大都市圏の一部自治体では、市街化区域内にある農地の宅地化を促すために、固定資産税や相続税を宅地並みに引き上げました。

しかし、そのような農地や緑地が、もともと持っている地盤保持力や保水力が災害の防止に役立つことや、農林漁業との調和による都市環境の保全に欠かせないことがわかってきて、自治体が将来にわたり農地や緑地として残すことを、次の要件を満たすことで生産緑地に指定することを決めました。

- 農林漁業などの生産活動が営まれていること、または公園などの公共施設の用地に適していること。
- 面積が500㎡以上あること。（森林、水路、池沼等が含まれてもよい）

- 農林漁業の継続が可能であること。（日照等の条件が営農に適している等）
- 当該農地の所有者、その他の関係権利者全員が同意していること。

③ 生産緑地所有者の制限事項

生産緑地に指定されると、次のような制限事項が発生します。

- 生産緑地に指定された土地の所有者または管理者に対して、農地としての維持管理を求められる。
- 農地以外の転用・転売はできない。
- 生産緑地区内において建築物等の新築・改築・増築や、宅地造成等、土地の形質の変更はできない。
- 土石の採取、水面の埋め立て、干拓などが制限される。

④ 生産緑地の指定解除

次に示す項目のいずれかに該当する場合には、生産緑地の指定が解除されます。

- 生産緑地の指定後30年を経過した場合
- 土地所有者または主たる従事者が疾病・障害等により農業の継続が困難な場合
- 土地所有者の死亡により、相続した者が農業等を営まない場合

⑤ 生産緑地が引き起こす空き家との問題点

1992（平成4）年に生産緑地法に基づく最初の指定を受けて30年が経過する2022には、生産緑地の所有者は市町村に対して買取申請を行うことができ、市町村は特別の事情がない限り、時価で買い取らなければならないとされて

おります。

そこで、固定資産税が農地並み課税になった生産緑地を宅地並みの価格で買い取る資力が市町村にあるのか、また空き家・空き地の増加が大きな社会問題となっている環境において、宅地としての有効活用が期待できるのでしょうか。

一見、空き家とは関係のないと思われる都市部の生産緑地問題も空き家問題と無縁ではないことが分かります。

第7章　空き家・空き地の上手な管理

一　空き家所有者の心構え

空き家になってしまうと、思いもよらない大変な作業や心配ごとが発生してしまいます。

たとえば、ご両親が施設などへの入居を予定されている場合や、すでに空き家になってしまっている場合には次の点に注意が必要となってきます。

①　近所や自治会との連絡手段の確保

空き家に起因するトラブルの多くは、ゴミなどの不法投棄、ノラ猫などの住み付き、そして防犯や防火などの心配です。

空き家に起因するトラブルを最小限に抑えるとともに、早くトラブルを解決するために所有者または家族は、空き家のご近所や自治会などとの連絡手段を確保しておくことが大切となります。

②　家全体の安全性チェック

空き家であっても所有者責任が発生します。たとえば空き家からの倒木でお隣の屋根を壊してしまった、台風などの自然災害で空き家の瓦やトタン板などが飛んで、通行人や自動車などを傷つけてしまった、また最悪の場合として空き家からの失火が原因で、お隣が類焼してしまった、などの被害が発生した場合には損害賠償責任の対象となります。これらを予防するために屋根瓦、トタン板、外壁、バルコニー、門扉、塀などのチェックを専門業者にしてもらうと安心です。

③　庭木などの整理・処分

庭木などの手入れや処分も大切です。庭木を放置しておくと予想以上に成長をしてしまい、近所や地域の景観を損ねてしまうだけでなく、防犯・防火の観点からも決して好ましくありません。そこで、成長の早い庭木などは、強く刈り込んでもらうか、不要と思われる庭木は思い切って伐採しておくことをおすすめします。

④　家財道具、荷物、貴重品

空き家には、住んでいた人が使っていた家財道具などが残っていることが多く、不審者がそれらを使って住みつく事例が報告されています。

空き家になることを想定して、事前に不要になると思われる家財や荷物などを整理または処分しておくことが大切になります。とくに、貴重品や価値の高い骨董品などは空き家専門の窃盗犯の狙い目となってしまうことから絶対に残さないことが大切になります。

最近では、福祉整理として遺品などを整理をしてくれる専門の会社がたくさんあり、家具や電気製品の買取をはじめ、ハウスクリーニング、消臭、模様替え、荷物の一時保管、配送サービス、福祉施設などへの家財道具の寄付支援など、行き届いたサービスを利用できるようになりました。

⑤　郵便物、宅配便の転送サービス

ア　郵便物（JPエキスプレス）転居・転送無料サービス

お近くの郵便局へ転送先を記入した申し込み用紙に記入するだけで1年間、または申し込みを更新することで、何年間でも転送を受けることができるサービスです。

ただし転送物には一定の制限がありますので、お近くの郵便局で確認をして下さい。

イ　ヤマト運輸　クロネコメンバーズ宅急便転居転送サービス

クロネコメンバーズの会員向けの、旧住所に届いた宅急便を自動的に新住所へ無料で転送するサービスです。それを延長したい場合には、期間終了時に更新手続きが必要となります。

ただし転送物には一定の制限がありますので、近くのヤマト運輸で確認をして下さい。

このように、所有者による周到な準備と注意により、空き家になってからも、自治会やご近所に迷惑をかけることもなく安心して管理できるのではないでしょうか。

二　空き家に対する各種支援制度の活用

日本各地で深刻化している空き家問題への対策を促すために、国土交通省は2016（平成28）年度に「空き家等対策計画」に基づいて、空き家対策に取り組む自治体や民間企業を支援するために20億円を計上しました。また法務や不動産の専門家の協力を得た空き家対策の運用法作成などの支援に1億2000万円を計上しました。

①　空き家再生等推進事業

２０１５（平成27）年4月9日に最終改正された「小規模住宅地区等改良事業制度要綱」は施行者が市町村となりますが、施行が困難な場合は、都道府県が小規模住宅地区等改良事業を施行するとしています。その要領で示された「空き家再生等推進事業」では、空き家になっている住宅等が居住環境や地域活性化を阻害している区域において、不良住宅、空き家住宅（または空き建築物）の除却を行う「除却事業タイプ」と、空き家住宅の活用を行う「活用事業タイプ」があり、事業内容や国・自治体の経費負担割合が定められました。

ア　除却事業タイプ

除却事業タイプは、市町村が居住環境の整備改善を図るため、不良住宅、空き家住宅または空き建築物の除却を行う事業です。対象となるのは、空き家対策計画などで対象地域とされた地区・区域にある、不良住宅、空き家住宅、空き家建築物です。

不良住宅は、空き家かどうかにかかわらず、空き家住宅と空き家建築物は、跡地が地域活性化に供されるものが対象です。

不良住宅とは、住宅地区改良法の第2条4項に「主として居住の用に供される建築物または建築物の部分で、その構造または設備が著しく不良であるため居住の用に供することが著しく不適当なものをいう。」とされ、最大で除却工事費の80％の補助を受けられる場合がある事業となっています。

イ　活用事業タイプ

活用事業タイプは、市町村が居住環境の整備改善を図るため、空き家住宅と空き建築物の活用を行う事業です。対象となるのは、空き家等対策計画などで対象地域とされた地区・地域にあり、事業実施時に使用されておらず、今後も従来の用途に供される見込みのない空き家住宅や空き家建築物です。

地方にある古民家を体験施設または交流施設に改修して地域の要求に応じる活

用ができます。しかし、民間企業や個人に補助する場合は、地域においてコミュニティの維持や再生の用途として10年以上活用するものに限られており、最大で改修工事費の3分の2の補助を受けられる場合がある事業となっています。

②　空き家の解体支援補助金

空き家所有者が条件を満たせば受けることができます。

2015（平成27）年2月26日に施行された「空き家対策特別措置法」に関連して一部の自治体では、空き家の解体支援事業として補助金を出しています。

解体工事の補助金を利用するためには各自治体によっていくつか条件があり、補助金の利用にはハードルの高さが異なっていますので、解体工事をしようと考えている建物に解体費用が支援されるかどうかは申請してみなければ判断できないようです。

申請にあたっての注意事項として以下のような点があげられます。

ア　申請をする自治体が補助金支援をしていること。
イ　解体工事に着手していないこと。
ウ　空き家であること。
エ　自治体が定めた空き家解体支援費用の基準であること。
オ　申請者が固定資産税などを滞納していないこと。

申請する前に必ず自治体に問い合わせてください。

③　高齢者居住支援制度

関連制度として、自治体と不動産関係団体および居住支援団体等で構成されている協議会では、賃貸住宅に入居できないで困っている高齢者に対する居住支援を行っていますので紹介します。

この制度の特徴は、高齢者になると「賃貸住宅に入居しようとしても、連帯保証人になってくれる人が見つからない」、「自分が死んだ後に残された家財道具の片付けが心配になっている」、「体調が悪くなったらすぐ駆けつけてもらいたい」など、高齢者の様々な心配事の相談にのってくれます。

1　連帯保証サービス

自治体の管轄する地域で存在する民間賃貸住宅に新たに入居する人、またそこに入居中の人が利用でき、入居する際に必要な賃貸借契約において、協議会に所属する事業者が連帯保証人になってくれます。

なお、事業者や利用者によって、負担やその他の条件が異なりますので注意が必要です。

2　残存家具の片付けサービス

高齢者居住支援制度を利用している入居者が不幸にして亡くなった場合に、契約に基づいて住宅内に残された家財道具を片付けてくれます。

なお、お住いの住宅面積等や事業者や利用者によって、利用料金やその他の条件が異なるので注意が必要です。

3　安否確認サービス

居住している住宅に、入居者の生活動作を感知するセンサー（自動通報）等を設置し入居者の安否を見守ります。また、携帯端末から利用者自身が通報することもできます。入居者に異常があった場合には、必要に応じて「出動員のかけつけ」や「救急車の出動要請」などの緊急事態への対応をし、あわせて指定連絡先・貸主にも通報します。

なお、このサービスには機器設置料が必要になり、事業者や利用者によって、利用料金やその他の条件が異なるので注意が必要です。

4　その他の居住支援サービス

亡くなったら葬儀を出してもらいたい場合には、ご遺体の引き取り手配、死亡診断書の受け取り等の手続き、葬儀の手配などのほか、亡くなった後の各種保険金等の返還手続き、住み替えのために、大型家具の廃棄処分や仏壇等の供養、処分、清掃などを行うサービスもあります。

④　金融機関が行っている空き家対策応援ローンの活用

空き家問題の解決にはどうしても資金面での各種制約が発生してしまいます。例えば、空き家になっていた家に住むための改築・改装費用、空き家の購入資金、空き家を賃貸するためのリフォーム資金、空き家の解体費用、空き家解体後の駐車場の造成などの土地の有効活用費用、また空き家の防災・防犯上の設備対策費用など、新たな資金が必要となってきます。

金融機関が扱う従来型の住宅関連商品は、多くが新築住宅の購入または改築・改装に限られていましたが、住宅金融支援機構などをはじめとする金融機関が、今後重視する融資事業として空き家問題に直結する商品を販売しています。

利用条件の一例として、「借入時の年齢が20歳以上、65歳未満で最終返済時の年齢が75歳以下」、「不動産業に従事していない」、「安定・継続収入がある」、「日本国籍または永住許可を受けている外国人」、「保証会社の保証を受けることができる」などとして、借入金額が10万円以上で500万円程度まで、借入期間が6ヵ月以上で10年未満などの条件を満たせば利用が可能となりました。これは朗報ではないでしょうか。

三　空き家に特化したNPO法人の活用

全国で空き家に特化した活動を行っているNPO法人では、空き家バンクの運営をはじめ、空き家セミナーや空き家相談会を定期的に行うほか、空き家の解体支援、不用品の処分などの相談の受け付けなどを積極的に行っています。

①　空き家バンク

空き家問題は、所有者の意識の変化が必要とされていますが、今の日本では、空き家市場の規模がまだ小さく、空き家を「売れない・貸せない」のが現状で地

図7-1

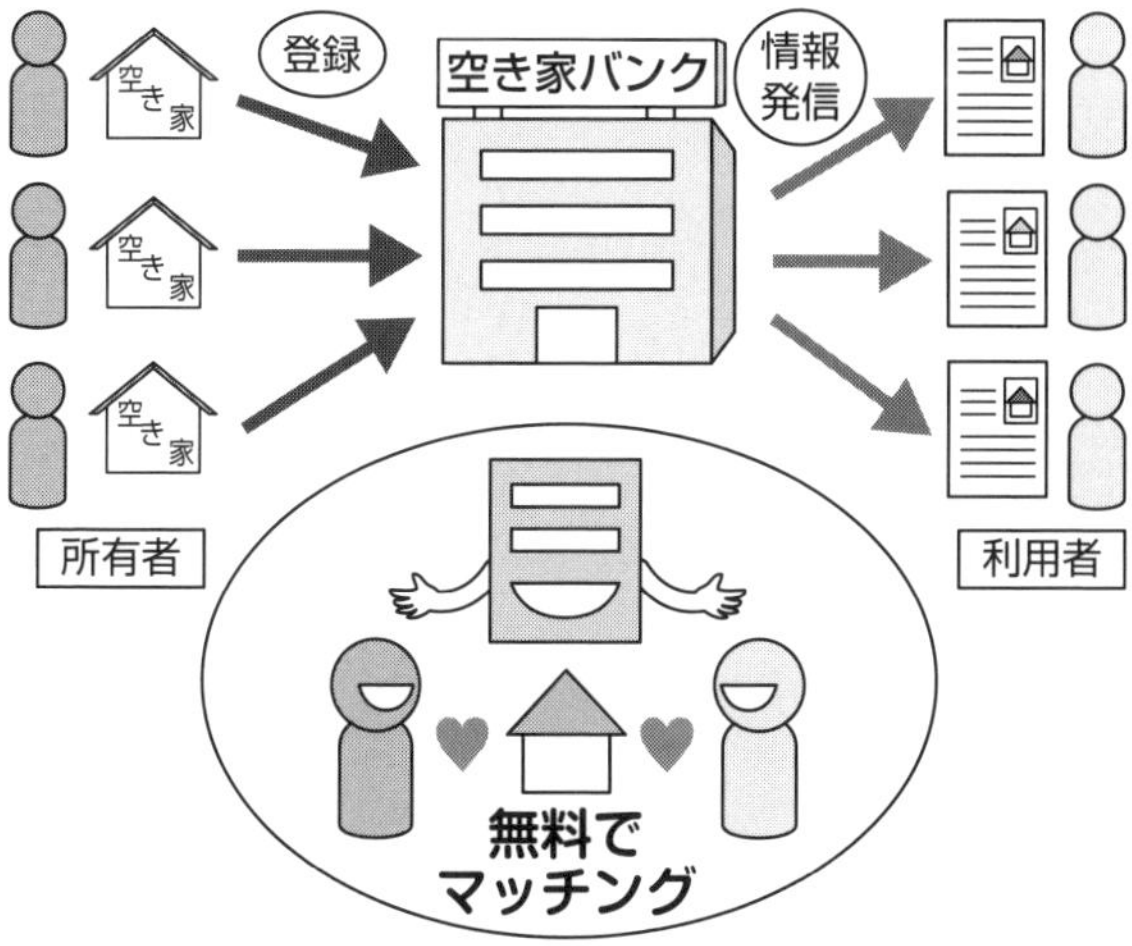

域住民の消費活動が低調となってしまっています。

そのような中、空き家バンクは、2005（平成17）年以降に相次いで設立されました。開設状況は、市町村の半数以上、都道府県の4分の1以上が開設しており、とくに人口減少が著しい過疎地での開設が目立ちます。しかし、その利用実績は低調であり、さらなるサービス内容の向上が求められています。

空き家バンクは、空き家の所有者と利用者のマッチングを図る仕組みです。**図7-1**のように、空き家の所有者から、「空き家を売りたい、または貸したい」という委託を受けて空き家バンクに登録をしてもらい、情報の発信を行います。また、「空き家を買いたい、または借りたい」という空き家の利用者にも登録をしてもらって、空き家バンクの運営者は、空き家の所有者と空き家の利用者の希望をマッチングさせてゆきます。

空き家バンクは不動産会社が運営する売り物件や貸し物件の掲載サイトとよく似た性格となっていますが、ＮＰＯが運営する空き家バンクは、営利を目的としていません。利用者が費用を払うことのない制度なので安心して利用ができます。

また、空き家の売買については、特別の資格が必要なので信頼できる不動産協会等の会員に契約の交渉や代理を委託している例が多いようです。

２０１４（平成26）年1月に行ったアンケート調査によると、空き家バンクを実施しているのは、日本全国の市町村数約３２００のうち約12％の３７４市町村ですが、空き家バンクへの登録件数が20件以下という市町村は約９割となっており、国民の空き家バンクへの関心と利用は極めて低調と言わなければなりません。

空き家バンクの利用率の低さでわかるように、広く国民に空き家バンクの有用性を説明し登録を促進させてゆく必要があります。

②　空き家セミナーや空き家相談会

ＮＰＯ法人では、行政と連携して、空き家セミナーや空き家相談会を定期的に行っています。

空き家問題は、行政が立ち入る前に、所有者自身の問題として解決をしなければなりませんが、どこに相談してよいのか、何を相談しなければならないのかを空き家セミナーではていねいに教えてくれます。

空き家問題の解決には、それぞれの家庭ごとに事情が異なりますので、市町村役場の広報部門への問い合わせをおすすめします。空き家の管理や地域振興への貢献なども相談できます。

なお、相談内容については守秘義務を課せられた専門家が対応しますので安心できます。

四　空き家化の予防対策

何事も予想される問題に対して、予防を心がけることは大切なことです。空き家問題も例に漏れず、空き家になってからでは問題の解決が後手にまわり、所有者やその家族にとって経済的に、精神的に、そして時間的にも大きな負担となってしまいます。

空き家が予想される物件の形態として、建築されてからの経過年数、所有者の住んでいる住所との距離、戸建て、マンションまたは工場か店舗なのか、空き家になってからの管理の難易度などから、空き家を予防するにはどのような準備が必要なのでしょうか。

まず大切なことは、普段から、空き家になることが予想される物件の管理について家族や親族と方向性を決めておくことです。

たとえば、その物件を使用するのか、取り壊すのか、それとも売却してしまうのかを決めておけば、あとは悩むこともなく決めていることを実行するだけとなります。

また、空き家になる家の近くに、空き家になった家の情報を定期的に知らせてくれる親族や友人がいるかなども心がけておくと、急な事態にも備えられます。

また、空き家になることを前提に、不要な荷物の整理を少しずつ進めておくことも大切です。最近では大手の引っ越し業者が主要都市で、引っ越しと不用品の引き取りをセットにしたサービスや、大手のインターネット業者では、価値の残っている家具や電気製品などをオークションにかけ、落札価格の30％の手数料を差し引いた額を返金してくれるサービスも始めています。

最後に大切なことは、物件が所在する自治体への相談です。自治体では2015（平成27）年に施行された「空き家対策特別措置法（空き家法）」の最前線で住民と空き家問題に接する立場となりましたので、担当窓口を開設して市民の空き家相談に乗ってくれるようになりました。

このように空き家になる前に予防を行うことが大きな空き家対策となります。ここでしっかりと考えておかなければいけないことは、それぞれの家庭の事情が異なることから、それぞれに応じた空き家の予防対策が必要となってくることです。

五　空き家管理業者の上手な活用

①　空き家管理支援サービス

大手住宅メーカーはじめ、様々な分野の業者が空き家管理に参入してきています。

空き家の所有者に代わって管理支援業者と半年、または一年間の期間を定めて契約し、空き家の管理点検を行うサービスです。業者によって管理点検内容はまちまちですが一般的なサービス内容として、空き家の外観確認、外回りやポストの清掃、簡単な雑草処理などを行ってくれ、空き家の最大の敵である湿気を取り除く通風・換気や通水、ガス・電気の点検や雨漏り・室内の異常の有無を確認したりするきめ細やかなサービスもあります。また、追加契約によって庭木の剪定、消臭剤散布、台風や災害時の点検などもあり、点検結果を連絡をしてくれる業者もあります。

契約料金は、点検内容、点検場所、空き家の規模や空き家の所在地によって多少の差がありますが、一回で約5千円～1万円と業者によって料金の幅が見られます。また、一回だけのスポット契約をしてくれる業者もあります。

② 不用品を手放す上手な方法とサービスの利用法

空き家は、かつての住人が生活していたままの状態が普通です。そこには、たくさんの家財道具、電気製品、洋服、布団、大量のゴミなどか残されていて、それぞれに処分方法が異なります。

しかし、最近では、引っ越しと不用品の買い取りをセットで行ってくれ、使わなくなった不用品でも、なかには中古品として売却できるサービスがあります。売却できれば処分費用も安くてすみ、環境にも配慮できる引っ越しサービスもあります。

家庭電化製品のテレビ、エアコン、冷蔵庫、洗濯機、冷凍庫、液晶テレビ、プラズマテレビおよび乾燥機などについては、家電リサイクル法に基づいて小売店、または市町村役場で有料のリサイクルをすることになっています。着なくなった着物や、サイズが合わなくなった服や子どもの服は、重量に合わせて買い取ってくれる会社もあります。食器は、ゴミにしかならないのが実情のようです。布団などは、通常は粗大ゴミとなってしまいますが、購入後3年以内のものは売却できる場合があります。

不用品をゴミとして回収して運搬する業者は、一般廃棄物収集運搬業として監督官庁の許可が必要となり、建設業許可（解体業許可）では回収できません。一般廃棄物収集運搬業の許可を取得している会社は、自治体ホームページ等で公表されています。

③　古物商とは

パソコン、コピー機、ミニバイク、自転車そして各種の家庭電化製品などを有料もしくは無料で回収している業者が、実は古物商なのです。古物を売買する場合には、事前に都道府県の公安委員会の許可が必要となります。その理由として、古物には盗品が混じるケースがあり、売買や交換には専門知識が必要となるからです。

古物商が取り扱う古物とは次のような物を指します。

1　一度使用された物品
2　使用されていない物品で使用のために取引された物品
3　これらの物品に幾分かの手入れをしたもの

ここで注意が必要なのが、古物などの回収をめぐる各種のトラブルです。

1　古物として不用品を回収した会社が、不法投棄してしまった。
2　無料で引き取ってもらえるというサービスで来てもらったが、実際には高い処分費用を請求された。
3　処分費用を支払って古物の回収をしてもらったが、リサイクルショップで売られていた。
4　データの完全廃棄を条件でパソコンを処分してもらったが、実際にはデータが破棄されておらず個人情報が流出した。

また、古物商は許可を受けないで営業をすると、古物営業法第31条により、3年以下の懲役、または100万円以下の罰金に処せられますので、古物を業者に引き取ってもらう場合には、事件に巻き込まれないような注意が必要です。古物商の許可証の提示を求めるか、市町村役場の衛生部門に相談をしておくことが大切です。

④　空き家に掛ける火災保険とは

人の住んでいない空き家にも火災保険を掛ける必要性があるのでしょうか。結論から言うと、空き家でも火災保険は必要です。

これは、今にも倒壊しそうな空き家ではなく、たとえば、両親が住んでいたが、その両親も亡くなり住む人が居ないため定期的に通風や電気・水道の点検などの管理を必要としている資産価値のある空き家を前提としています。

空き家に火災保険を掛けようとしても、断られてしまうのではないかと思う人も多いと思いますが、引き受けてくれる保険会社は複数あります。空き家であっても、ほぼ一般的な住宅と同じ補償を受けることができ、最近では火災事故だけではなく、落雷などの自然災害を含めたパッケージ商品も販売されてきています。さらに、地震災害の際に保証をしてもらえる地震保険や建物に不具合が発生したときに保障してもらえる施設賠償責任保険等の商品も販売されています。

ここで大切な、空き家の定義はどうなっているのでしょうか。

国土交通省などでは、空き家かどうかを判断する基準として「建物が一年間にわたって使われていないこと」としています。つまり一年間にわたって人の出入りがあり、かつまた電気、ガス、水道などが使え人が住める状態にであれば空き家ではないとしています。

また、火災保険会社の場合には少し定義が異なり、建物の使用頻度や状態によって「専門住宅物件」「併用住宅物件」「一般物件」となり、火災保険料は、「専門住宅物件」が最も安く、次いで「店舗併用住宅物件」「一般物件」の順番で保険料が高くなります。

専門住宅物件とは、人が住むことだけを目的とした住宅で、一戸建てやマンション、アパートなどの共同住宅を指します。空き家状態の物件に火災保険を掛けようとすれば定期的に利用していることが条件となります。

店舗併用住宅物件とは、住居の中に店舗または住宅が併用された物件を指します。定期的な利用がなくても、建物自体がしっかりしていれば店舗併用住宅として火災保険に加入することができます。

一般物件とは、専門住宅物件や店舗併用住宅物件に該当しないすべての物件を指します。空き家として老朽化が進み、今後人が住む見込みのない物件は一般物件に分類され、トイレや風呂がない場合などもこれに含まれてしまい、保険料は専門住宅保険に比べて2～3割程度高くなります。

最終的に物件の分類と状態により保険会社が判断することになります。

人の目が届かない空き家はホームレスや不良が出入りしたりして防犯・防火のリスクが高くなり、とくに放火が最も心配になります。もし、自分の持っている空き家が火元になって近隣の住宅に被害を与えた場合、法律上の責任はなくても、周囲に大きな迷惑をかけることになります。今後の円滑なつきあいのためにも火災保険には加入しておくべきです。その時に補償してくれるのが「類焼損害保険」というものです。この類焼損害保険は、自分の家が原因で火災が発生し、近隣住宅への類焼があった場合に損害を補償するというものです。

また、落雷や台風による被害や地震による被害、そして老朽化に伴う損害などに対する補償を受けることができる保険もありますので、一度、火災保険会社の窓口で相談することをおすすめします。

結論として、空き家に対して火災保険などを掛けておいても決して損はしないと言えるでしょう。

補償範囲などは、保有する空き家の使用状況などを保険会社にしっかり伝えて保険を選んで下さい。

六　不審者を撃退する空き家の管理方法

不審者を撃退する空き家の管理方法は、不審者が最も嫌う「人の目」を意識させることです。たとえば、「家の様子が前とは変っている」、「家を修理した形跡がある」、「ポストの中がきれいになっている」、「庭が掃除されてきれいになっている」、「防犯灯や防犯カメラが設置されている」、「誰かが定期的に管理作業を行っている」、「管理業者の看板が設置されている」などの対策が不審者を撃退する有効な管理方法となります。

第8章　空き家・空き地をデザインする時代

一　官民一体型による空き家・空き地問題の解決

日本全国で増え続ける空き家問題は、都市部や地方を問わず解決しなければならない最重要課題ではないでしょうか。空き家問題は、国家の住宅取得推進政策が引き起こした責任を問う以前に個人の責任であることを所有者は自覚しなければなりません。

①　空き家撤去後の土地の有効活用

特定空き家に指定された空き家を撤去しても、撤去後の土地を有効に活用しなければ空き家の撤去が促進されません。

そこで、空き家を撤去した後に、当面、考えられる土地の有効活用について考えてみたいと思います。

ア　貸駐車場

観光地などの需要がある地域であれば、臨時のコインパーキングや月極め駐車場として利用することで、定期的な収入源になります。

駐車場にする際に発生する費用は施主が負担することになるので、費用対効果をしっかり検討することが必要です。

コインパーキングの場合は、駐車場のアスファルト工事、駐車代金精算機の設置、駐車ロック板の設置や、案内板の設置などの経費が必要となります。駐車場の規模にもよりますが、コインパーキングの設置費用は、１００万円以上を用意しなければならないでしょう。

イ　アパート・マンション建設

住宅地であれば、所有する空き地等の規模にもよりますが、アパートやマンションを建設するのも有効な活用法です。建設にあたっては高額な建築費用が必要となりますが、資金調達には銀行ローンが使えるので、土地があれば頭金なしでの建設も可能です。

また、アパートやマンション建設は、土地に対する固定資産税の減免措置が利用できるので、節税対策にもなります。

ウ　定期借地の設定

所有する空き地に定期借地権を設定し、他人に貸すという方法があります。この制度のメリットは定期借地権期間が過ぎてしまうと同時に更地に戻して返してもらえることです。

用途としては、住宅建設または事業用設備として使用したり、借主の都合によって異なりますが、借主が経済的に破綻しない限りは一定期間における安定収入がメリットです。

借主から徴収できる借地料についてはお互いの交渉次第ですが、土地の売買価格の2％前後が年額の目安となります。

エ　トランクルームの設置

コンテナ・トランクルームとして、地域住民や企業などに利用してもらうという方法があります。比較的都心に近く、住まいの収納量を必要としているような地域は有効です。

設置費用についてはコンテナ・トランクルーム１台当たり20万円～30万円程度が必要となりますが、メリットとして、管理に手間がかからない点があります。

オ　太陽光発電システムの設置

大規模震災後、注目を集めているのが太陽光発電で、未活用となった空き地への設置が可能になります。

日照時間の短い雪国などは発電効率の面からは適しませんが、気象条件と日当たりのよい場所であれば収益が見込めます。電力の買取価格などを総合的に考えておくことが大切です。

カ　地域にあった有効利用

それぞれ費用対効果やリスクも考えられますが、地域の特性に合わせた選択が望まれます。

②　空き家・空き地等の全国精密調査の実施

総務省統計局が２０１３（平成25）年住宅・土地統計調査を行い、全国の空き家数は約８２０万戸と発表しました。

この「住宅・土地統計調査」は、総務省統計局が全国３５０万住戸・世帯を対象に、５年に一度実施している基幹統計調査で、空き家も対象としています。空き家数の調査方法は、調査員が外観等から調査し、空き家の種類や建物の建て方、構造および腐朽破損の有無について調査をしています。

ここで重要なことは、いくら総務省といえども調査には限界があって、調査をした家が本当に空き家なのか、また所有者は誰かなどの確認は難しく、空き家であることを確定できる住民票を根拠にしたり、また、所有者や土地・建物の規模を特定するためその物件の登記簿謄本を取得していたとは考えられません。したがって、調査結果は統計技法に示す一般公差の範囲内であり、調査員の勘だけで得た数値であると認識しなければなりません。

したがって、より精度の高い調査を行うには、最低でも自治体の上水道の閉栓確認や住民情報による居住確認、電力会社からの電力利用停止確認および当該自治会からの情報提供等が必要となります。

現実に、兵庫県内のある自治会では、自治体と地域自治会およびハウスメーカーが協力して自治会員を対象に空き家・空き地に関するアンケート調査と空き家・空き地の現地精密調査を行い、地域住民に対する防犯・防火などに関する貴重な情報提供を行っている実例があります。

国家として空き家・空き地等の全国精密調査を行い、調査結果を評価・分析することは空き家・空き地等の実態を把握することで、有効な再利用の方向性を探ることにつながり、空き家大国日本の汚名を返上するよいきっかけとなることは間違いのないことです。

③ 規制改革実施計画に見る地域活性化施策

2013（平成25）年1月に内閣総理大臣の諮問機関として「規制改革会議」が設立されています。その目的は、わが国が豊かで活力のある国であり続けるため、潜在需要を顕在化させ、経済活動の支援、日本経済の再生に資する各種規制を総合的に審議するためです。

そして、成長戦略の推進および国民への多様な選択肢の提供を行うため、2016（平成28）年5月19日に「規制改革に関する第4次答申」が内閣総理大臣に提出されました。

その中で、空き家や空き室問題で注目したいのは「地域活性化」で明らかになった、民泊サービスにおける規制改革があります。

近年、外国人観光客の増加に伴い、観光局が発表した2016（平成28）年上半期（1月〜6月）の訪日外国人数（推計値）は、前年同期比28・2％増の1171万3800人と、過去最高を更新しました。これは5年連続のプラスで、半

図8-1　訪日外国人数の推移（年間）

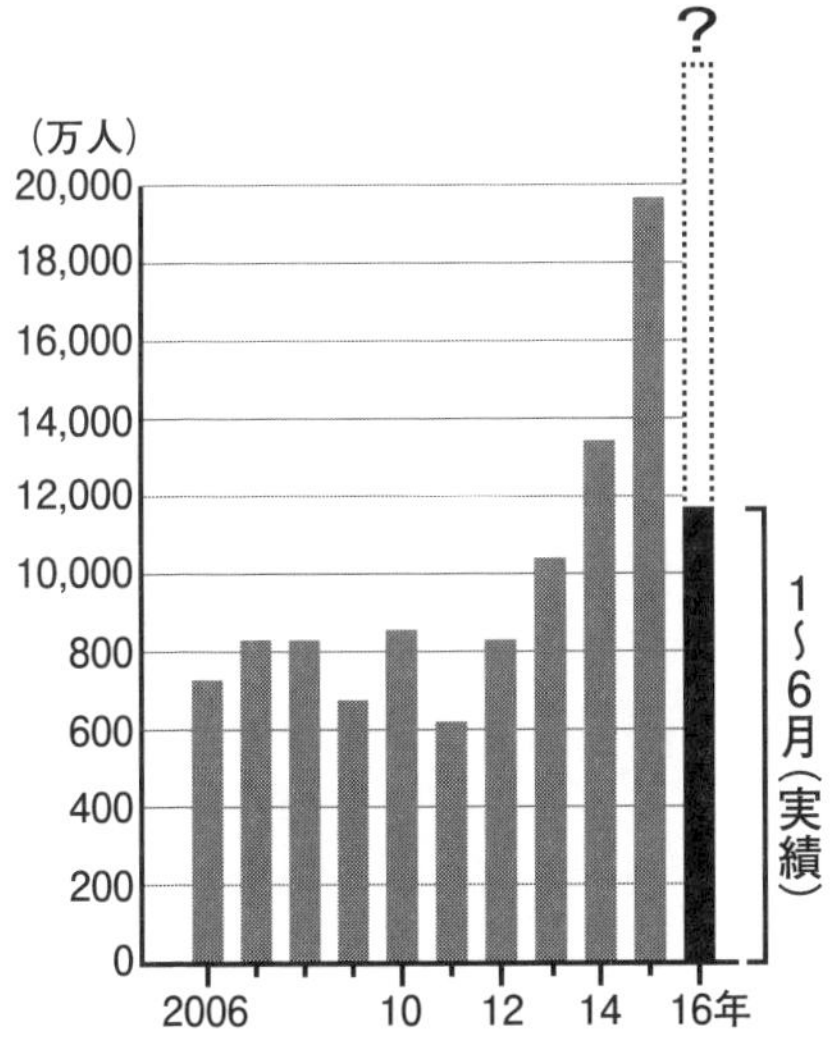

（注）16年は1～6月からの想定
（日本政府観光局調べ）

年間で１０００万人を超えたのは初めてです。

外国人観光客の急激な増加とともに必要となってくるのが宿泊施設ですが、外国人観光客の共通する特徴として、長期滞在型宿泊であったり安価な宿泊料が求められることが多くなっています。約70年前の１９４８（昭和23）年に施行された現行の「旅館業法」の一部改正ではすでに対応できなくなっています。

そこで、閣議決定された「民泊サービスにおける規制改革（民泊新法）」の対象となるのは、ホテルや旅館とは異なり、あくまで「住宅」という位置づけの家です。その家に人が住んでいない「家主不在型（空き家）」

と、人が住んでいる「家主居住型（空き室）」に区分し、それぞれのタイプ別に、住宅提供者、管理者、仲介業者に対する必要な規制を課して、適正な管理や安全面、衛生面を確保することにしています。

この「民泊サービスにおける規制改革（民泊新法）」は、「空き家で困る現象」から脱却する大きな第一歩と期待されています。それには行政が民泊状況を把握するシステムの構築も必要になってきます。

④ 大学機関との連携による空き家対策

近年、地方創生を目指して大学でも、地域科学部、地域学部、地域政策学部の設立が顕著になってきており、すでに国立・公立・私立大学で約60学部が開設されています。

このように地域の過疎化、地方分権、市町村の合併などの諸問題に対応すべく

表8-1　地域創生に関する学部のある大学

国立大学	北海道教育大学函館校地域創生専攻
	山形大学地域教育文化学部
	宇都宮大学地域デザイン科学部
	金沢大学人間社会学地域創造学類
	福井大学国際地域学部
	静岡大学地域創造学環
	岐阜大学地域科学部
	鳥取大学地域学部
	徳島大学総合科学部
	愛媛大学社会共創学部
	高知大学地域協働学部
	佐賀大学芸術地域デザイン学部
	宮崎大学地域資源創生学部
公立大学	高崎経済大学地域政策学部
	福知山公立大学地域経営学部
	奈良県立大学地域創造学部
	北九州市立大学地域創生学群
	長崎県立大学地域創造学部
私立大学	札幌大学地域共創学群
	東京農業大学地域環境科学部
	東洋大学国際地域学部
	東海大学国際文化学部地域創造学科
	追手門学院大学地域創造学部
	大正大学地域創生学部
	愛知大学地域政策学部
	同志社大学グローバル地域文化学部

地方自治における政策立案だけでなく企業、その他の非営利組織における政策立案の専門家を養成するため、幅広い分野について学ぶように趣向がこらされています。

それまで、関係する各分野の研究はすでに多くの大学でなされていましたが、ひとつの体系をもった学部として誕生したのは１９９６（平成８）年の高崎経済大学に設立されたのが初めてです。近年では大阪府茨木市の追手門学院大学で、大学と地域の結びつきの狙い手として、「観光・まちづくり」「地域経済・事業創造」「都市文化・文化創造」の３コースから、地域の発展や問題解決に取り組む実践型の学びを展開しています。その中で人や組織と協働するための専門知識・技能を身につけ、地域から日本、そして世界を捉える大きな視野を養成し、地域に根づき、地域と世界を結びつけられる次世代リーダー育成を目指しています。

二　高品質住宅供給システムの構築に向けて

①　住宅履歴情報システムのさらなる進化

人の暮らしに欠かせない便利な製品がたくさんありますが、物流システムの中心となっているトラックや、毎日の家庭生活に大きな役割を果たしている自家用車などがその良い例です。

これらは、道路運送車両法で車両の性能や安全運転の確保、CO_2排出などの地球環境に配慮をするような定期点検が決められており、点検結果や部品交換などの整備記録が書類として確実に保存されています。

では、建物での定期点検はどうなっているのでしょうか。事務所ビル、店舗、ホテル、劇場、雑居ビル、共同住宅等や工場などは不特定の人間が出入りすることから、万が一、火災などの災害が起きた際に火災報知器など必要な設備が作動しなければ、人命に関わって来ます。このような建物は危険を未然に防ぐため、定期チェックで発見された問題を改善し、維持管理につなげていくこと、さらには建築物の環境衛生を確保することを所有者・管理者の重要な責務として決めています。しかし個人の住宅は地震や台風などの自然災害に見舞われない限り、定期点検を受けることもなく、また、修繕や修理等を行った場合にも修理記録は保管されていないのが現実です。

今後は、新築時やリフォーム時にハウスメーカや工務店が作成した設計図面、工事記録、保守点検記録などの詳細なデータを住宅の所有者がいつでもしっかりセキュリティ管理をされたサーバーから取り出せる、住宅履歴情報システムのさらなる進化が急がれます。

② 国際標準化機構（ＩＳＯ９００１・１４００１）の積極的導入

ア　国際標準化機構とは

国際標準化機構とは、１９４７（昭和22）年に活動を開始し、世界１５７ヵ国と157の機関が加盟し、スイスに本部を置く国際機関で、活動の目的は、世界各国でバラバラに定めている「物づくり」や「各種サービス」の標準化を図ることです。

国際的に品質保証を通じて社会的な信頼や顧客満足の向上が期待できるほか、次のような効果が期待できます。

- 業務効率の改善や組織体制の強化
- 継続的な改善による企業価値の向上
- 海外企業を含む取引要件の達成
- 企業競争力の強化
- 法令順守（コンプライアンス）の推進
- 仕事の見える化による業務継承の円滑化
- KPI（キーパフォーマンス指標）の管理
- リスクマネジメント

イ　品質マネジメントシステム「ISO9001」の導入

住宅分野においても、住宅の設計段階から、材料の選定、材質証明書の確認、公的資格を有する基礎工事、外装・内装・電気・ガス・水道工事業者の選定、工事着工前検査、各種中間検査、完成検査を厳正に行い住宅の保守などの品質保証を通じて、顧客満足度の向上と品質マネジメントシステムの継続的な改善を実現するため、国際標準化機構が定める「ISO9001」というシステムの積極的な導入が求められています。

ウ　環境マネジメントシステム「ISO14001」の導入

1992（平成4）年の地球サミットの前後から「持続可能な開発の実現」に向けた取り組みとして、国や事業者の環境マネジメントシステムに対する関心が高まってきました。

環境マネジメントシステムの必要性は、地球環境に対応し、経済社会活動のあらゆる場面で環境への負荷を減らす努力が求められています。それを実現するためには、あらゆる組織や事業者が、規制に従うだけでなく、地球環境問題全体にわたって、自主的で積極的な環境保全の取り組みを進めてゆくことが求められます。環境マネジメントはそのための効果的なシステムとなっています。

国民の環境意識は急速に高まっており、空き家・空き地問題を放置することにより、地域の環境破壊につながってゆくことは必至となり速やかな解決が求められています。

環境マネジメントシステムの「ＩＳＯ１４００１」を空き家・空き地問題にも早急に取り入れることにより、空き家の環境破壊問題やゴミや家財道具などの処分、空き家の取り壊しの際に発生する環境汚染物質などに対して、環境マネジメントシステムの手法であるＰＤＣＡサイクル「Ｐ：方針（ｐｌａｎ）」、「Ｄ：実施（ｄｏ）」、「Ｃ：点検（ｃｈｅｃｋ）」、「Ａ：是正・見直し（ａｃｔｉｏｎ）」というプロセスを繰り返すことで問題を改善していくことができます。

③ 主要住宅供給会社と関係不動産会社による優良住宅の提供努力

既存の優良ストック住宅流通の活性化と適切な市場形成を目指し生活基本法の主旨に則り、優良なストック住宅の普及を図るため、国内の主要住宅供給会社10社と関係不動産会社9社で構成する「優良ストック住宅推進協議会」は次の条件を満たすものを「スム（住む）ストック」として定義し、意欲的な活動を行っています。

ア　住宅履歴について

住宅履歴は、新築時の設計図や設備、メンテナンス、リフォームの記録、定期点検の結果等をまとめた情報で、点検の結果等を記録することにより、将来の問題を予測し、計画的にメンテナンスをすることが可能となります。また、売却時にはこの住宅履歴があることで、購入者が安心して住宅を購入することができます。査定価格に良い影響を与えることにも繋がります。

イ　長期点検メンテナンスプログラムについて

なぜ住宅には自動車の「車検」にあたるものがないのでしょう。マンションは共同住宅であるため「長期修繕計画」を作ることが定められており、計画通りの運用を求められます。それに対して戸建住宅は定期点検が制度として義務化されていません。大切な住宅を守るため、住宅メーカーによる長期的な点検と適切な修繕が大切でしょう。

ウ　耐震性能について

地震は避けることにできない災害です。スムストックは、１９８１（昭和56）年改正の建築基準法で定められた耐震性能（新耐震基準）をクリアし、安心して暮らせる家であることを最低基準として定めています。なぜなら、住宅の基本性能でもっとも大切な要素は、耐震性能だと考えているからです。

④ 空き家・空き地をデザインする時代に向かって

70年前に焼土と化した地から奇跡のように立ち直り世界に類を見ない繁栄を遂げた日本ですが、戦後、短寿命で狭小な住宅を提供し続けた持ち家推進政策は経済対策の起爆剤として一定の成果をあげてきました。それが戦後70年を経た今、空き家・空き地問題を引き起こすとは誰が想像したでしょうか。いろいろな税金に縛られた現在の空き家・空き地は、持ち主からすれば負の遺産となってしまいました。

しかしながら、自然に恵まれた小さな村では、空き家・空き地を活用して、村おこしに成功している例が数多く見られます。とくに戦前の「古民家」と呼ばれる家はそのおおらかなデザイン性や使用されている品質の良い木材などその価値が見直され、改修を加えて再生し活用されています。また都会でも街中において住民のコミュニティの場として用いられている例が数多く見られます。個人の力ではどうにもならなくても、個人と自治体とが一丸となって取り組むことで空き家・空き地の有効活用の道が開けてきます。空き家・空き地をデザインする時代に向かって国がしっかりとした政策をつくり、自治体がそれに見合った助成金を交付し、日本人の持つ当たり前の誠実、勤勉、規律をもって取り組めば、豊かで素晴らしい日本を取り戻せる可能性を秘めているのではないでしょうか。

おわりに

構造上の原因によって発生を続けている日本の空き家・空き地問題は容易に解決しそうにありません。２０１５（平成27）年2月26日に施行された空き家対策特別措置法（空き家法）は空き家問題解決の緒にあるものと一定の評価ができるものですが、空き家問題は、行政側の問題である以前に空き家所有者側の問題であるとの認識が必要となります。

国家主導による住宅供給システムの改善、そして家庭内における世代交代が当たり前のように行われない限り、空き家問題の解決にはつながりそうにもありません。自分の財産である空き家撤去費用の一部を自治体が補助してくれるという安易なモラルハザードが放置空き家を増加させる原因となっていると言わざるを得ず、超高齢化社会をむかえ、行政に依存するだけでは今後も増加する空き家問題への対応が追いつかないことは火を見るよりも明らかです。空き家所有者が自らの意思で財産を守り、その価値を維持していくという強い意識を持つことが大切になってくることは間違いありません。

国内に存在する空き家・空き地の総資産は数十兆円以上とも言われます。本書の執筆中に感じ続けていたことは、官民一体となって空き家問題に取り組むことにより、景気を刺激し地方における定住化にも弾みがつき、地域ブランド力の向上に貢献できるということです。

本書の執筆にあたり、空き家対策に特化したＮＰＯ法人空き家コンシェルジュ理事長の有江正太様には、空き家問題について親身なご教示をいただき、心から感謝を申し上げます。

また、私の空き家対策の仲間として常に真摯な態度で空き家セミナーや空き家相談会の開催、そして空き家の現地調査にご奔走いただきました石田眞様には心から感謝を申し上げる次第であります。

さらには、旭化成ホームズの松本吉彦様、優良ストック住宅推進協議会様、追手門学院大学山本博史教授、遺品整理のメモリーズ（株）代表取締役横尾将臣様、神戸市居住支援協議会様から心温まるご理解とご協力をいただきましたことに対して改めて御礼を申し上げます。

そして、本書の構想段階からアドバイスを惜しまなかった社会保険労務士の長男厚史と、陰になり日向になり支え続けてくれた妻の蓉子に心から感謝します。

拙著の執筆にあたっての大きな目的は、読者の皆様に日本の空き家・空き地の現況を知っていただくことはもちろん、ご家族との会話につなげていただくことです。ここまで大きくなった日本の空き家・空き地問題は国家が主動的に各種施策を駆使して解決することは当然のことですが、その前に空き家問題は、空き家になった様々な各ご家庭の理由があります。ぜひ、ご家族の強い絆でそれぞれの空き家問題を解決していただくことをお願い申し上げて筆を置かせていただきます。

行政書士　水谷秀志

●主な参考引用文献・協力企業等

・ＮＰＯ法人空き家コンシェルジュ
・旭化成ホームズ「二世帯住宅で育った孫による祖父母同居満足度」
・優良ストック住宅推進協議会
・追手門学院大学
・遺品整理のメモリーズ㈱
・神戸市居住支援協議会

その他、取材、講話等を参考にしております。

水谷秀志（みずたに　ひでし）

1949年、香川県生まれ。

日本大学文理学部卒業。卒業後は陸上自衛隊の幹部自衛官として武器装備品（兵器）の補給整備部門で勤務し、2004（平成16）年に二等陸佐（陸軍中佐）で37年間の勤務を終えた。

その後国家資格者として日本行政書士連合会へ行政書士登録し相続・遺言問題を専門的に取り組む。その中で相続が行われず放置され増え続けている空き家・空き地問題に強い関心を持ち、空き家対策事業に関わり、空き家問題の現状と上手な管理に熱意をもって取り組み各地の講演会で活躍している。

現在、空き家問題に特化したＮＰＯ法人理事長、行政書士。

●装　　幀——石井きよ子
●イラスト——もろずみとしよ
●図表制作——松田明功

空き家大国ニッポン

2017年2月10日　第１刷発行

著　者　水谷秀志
発行者　山崎亮一
発行所　せせらぎ出版
〒530-0043　大阪市北区天満2-1-19 高島ビル２階
TEL. 06-6357-6916　FAX. 06-6357-9279
郵便振替　00950-7-319527

印刷・製本所　株式会社関西共同印刷所

©2017 ISBN978-4-88416-252-8

せせらぎ出版ホームページ　http://www.seseragi-s.com
メール　info@seseragi-s.com